不謹慎な旅 2

負の記憶を巡る「ダークツーリズム」

木村聡
Kimura Satoru

弦書房

〈カバー表・写真〉

幸畑墓苑にある八甲田山雪中行軍遭難者の墓標

〈カバー裏・写真〉

免田栄さんが獄中で書き写した自身の公判調書

〈表紙写真〉

岩手県遠野の道端に建てられた石塔

〈本扉写真〉

マリア像を担ぎ登る「乙女峠まつり」の巡礼

（写真はすべて著者撮影）

目次

はじめに——忘却のカタルシスに抗う

前作の刊行から二年以上が経ち、本書は運よく巡ってきたその続編だ。なんとも嬉しい限り。なにしろお叱りを受けるのを覚悟して、「不謹慎です」と言いながら続けている旅である。〝ダークツーリズム〟という言葉や行為がいくばくかの認知を得たとしても、負の遺産たちが抱える悲劇の重みに対し、観光という軽みはそう近しい間柄ではない。このガイドブックが誘う「不謹慎さ」、案内する「不謹慎な旅」は、当たり前だが、大手を振って意気揚々と、真っ先に行えるほど世間から市民権を与えられてはいない。けっして「オーバーツリズム」なんかにはならない旅——。

戦争加害の歴史を継ぐ土地に赴いたとき、ある老いた語り人は言っていた。

「足を踏んだ方は忘れますが、踏まれた方はずっと覚えています。覚えていたいことじゃないですがね」

この旅においては、過去を語る言葉を持つのは痛みを感じた側の人々ということが多い。しかし、往々にしてその声は小さい。ときに聴き取れないような「声にならない声」だったりする。そして、「足を踏んだ」者たちは語らない。そればかりか記憶の陰に巧妙に隠れる。隙をついて記憶を変えようともする。こちらはなんだか大きな声を出して。不謹慎な旅の現場では大声にかき消される小声に耳を澄ませ、そばだてねばならない。だから難しい。でもそれが旅の醍醐味。

差別と迫害の歴史を継ぐ場所に赴いたとき、ある若い語り人が言っていた。

「大切なのは記憶という形のないものです。だけど、その記憶の継承には形あるモノが役に立つ」

土地も街角の建物も、遺品や遺物も、たとえ歴史を伝えるために建てた碑だって、それ自体は声を発さずなにも語らない。モノに記憶はない。モノに記憶を刻み込んで〝標《しるべ》〟とするのは人間であり、人々が記録する営みにほかならない。

生身の声を宿らせた〝標〟たちにはさまざまな記憶が込められている。一つの出来事を語るということは、その後ろに連なり重なり合う多様な声、記憶、事実を拾い上げることである。ただし、過去を知れば知るほど、声を聴けば聴くほど、出来事の輪郭線は多重になる。見えかけていたその輪郭は一瞬、曖昧にぼやけて見えてしまう。真実は手元から遠ざかって行く。そこからあらためて一つ一つ、見えた輪郭線をなぞって新しくなにかを理解する。かすれた事実を掘り起こす。だから難しい。きっとそれが、また旅に誘われる理由。

「私たちは過去からほとんどなにも学んでないのではないか。たぶん同じことが繰り返されます。いまがその過去を残す最後の機会かもしれない」

使う言葉は違うけれど、多くの場所でそんな言われ方をされた。時間の経過とともに過去の悲劇を知る人がどんどん世を去り、生身の記憶を記録するにはもう待ったなし。でも、おそらく同じことは古来ずっと言われていたに違いない。しかたがない、悲しみに限らず、忘れることは人間が備えた本能。辛い記憶を膨大に消し去ることで人はカタルシス（浄化）を得て、前に進んでもきたのだ。だから難しい。だからこそ、そんな身勝手な忘却たちに再び抗ってみたくなった。

＊本書は、現在『週刊金曜日』誌で連載されている「不謹慎な旅」の、二〇二一年一一月〜二〇二四年一〇月までの掲載記事を再構成したもの。二〇二二年刊行の『不謹慎な旅』の続編になり、書籍化にあたっては前作と同様に「Ⅰ　天災・人災の記憶」「Ⅱ　喪失する産業の記憶」「Ⅲ　戦争の記憶」「Ⅳ　差別抑圧の記憶」「Ⅴ　生命と悲しみの記憶」の五つの章に編成し直し、加筆・修正とともに、各話文末には雑誌掲載時から変化した情報などを《追記》した。なお、登場人物の肩書きや年齢、年表記は当時のまま使用している。

Ⅰ　天災・人災の記憶

「雪の中の教訓」より

ステイ・ホーム・レス

台風水害の多摩川河川敷

自然豊かな多摩川の水辺にホームレスが自前で小屋を建てて住む。
2019年秋の台風はそんな彼らを住まいごと川に押し流した。
広大な緑地で、都会の憩いの場でもある河川敷。
消えたホームレスのひとりを探し向かった先で見えたものは。

多摩川河川敷の〝自宅〟に拾った空き缶を持ち帰るサトさん。町なかでは「音がうるさい」などの苦情が出るので、仕分けや潰す作業に河川敷は都合がいい。「夜に出歩くから人に会わない。コロナは関係ない」とワクチン未接種でもこの感染症に不安はないと語る。

多摩川下流部の河川敷へは、左岸（東京都側）と右岸（神奈川県側）ともに川に沿って緑地公園などが整備されている。2019年10月12日に上陸した台風で、世田谷区や大田区（東京都）、川崎市（神奈川県）の中原区や高津区、川崎区、幸区などに浸水被害が起きた。

そこはタカさん（仮名）が猫と暮らしていた場所だった。多摩川の河口から約四キロメートルさかのぼった右岸河川敷（神奈川県川崎市）。ほんの数メートル横、ほんの数十センチ下を一級河川の水が流れる。そして、二〇一九年秋に襲った台風一九号（令和元年東日本台風）の際、増水した多摩川の濁流に一気にのまれた場所だ。

この冬（二〇二一年）、同じ河川敷を訪ねてもタカさんの姿はなかった。彼は野宿生活者のいわゆるホームレスで、十年来の顔見知り。廃材やブルーシートで小屋を作り、川のふちに〝居住〟していた。いまいる河川敷の〝住人〟に消息を聞くと「病気で死んだ」「小屋が火事になって出てった」「本当は街に家がある」と会う人ごとに話が違う。前を一匹の黒い猫が歩く。その先にホームレスの男性がいて、別の猫が寄り添う。だいぶ昔に撮ったタカさんの写真を見せると男性はすぐに言った。

「一匹はその人の猫だよ。木の上に登って洪水から生き残った。ほかはたぶん（タカさんの）小屋といっしょに流されちまって、とっくに海で魚の餌だろね」

台風以来「その人」は見当たらなくなったという。消えた主人を探してか、残された猫はタカさんの小屋があった付近をしばらくウロついていたそうだ。猫に導かれ向かった竹ヤブには人が暮らした痕跡が残っていた。タカさんの行方は、もうわからなかった。

姿を消したホームレス

多摩川の増水で河川敷が水に浸かるのは日常で、長く住む人たちはそう危険はないと高をくくっていた。だが、あの年の多摩川はすべてを押し流した。〝ホーム〟を失ったホームレスのひとりが当時の恐怖を語る。

「音がグォーと怖かったなぁ。上からデカい木が流れて来るんだぜ、ひとたまりもねぇ。さすがにこりゃ違うと思って逃げた」

川崎市の調査だと市内のホームレス数は一二年連続で減っている。ことさら二〇一九年の台風後は減少率二五パーセントと顕著で、河川に限れば一五二人から七〇人と半減。危険な川岸を離れたい意識もあろうが、市のホームレス自立支援策も大きかった。行政や支援団体は継続的に巡回相談を行い、住まいと食事を提供する施設への一時入所を勧める。台風時に避難所となった同施設にそのまま入所した人もいた。タカさんの話をしてくれた男

かつてタカさんが〝飼っていた〟とされる猫。多摩川の河川敷に棲みついている野良猫の多くは、都会のマンションなどで飼えなくなり、誰かがこのあたりに捨てた猫たちだという。毎日餌をあげに来る地域の人の姿もあった。

東京都と神奈川県の境を流れる多摩川は、これまでなん度も氾濫を繰り返している。河川敷とはそうした水害に備えた緩衝帯。豪雨などでひとたび川が増水すれば、そもそもひとたまりもない場所なのである（ともに神奈川県川崎市川崎区）

性もそこに避難した。だが三日後、河川敷に戻った。

「あんなときだけ頼るのもなんだし、まあ、いろいろ監視されて嫌なことがある。ここなら自由」

災害避難所は「あんなとき」にこそ頼る場所だが、彼にとってはそこで他人と居続けるのは苦痛だった。現在は多摩川の河川敷ほか、大師《だいし》公園（川崎市）などで「アオカン（野宿）」して日々を過ごす。

同じ台風一九号に伴い東京都台東区が開設した避難所では、同区の住所を提示できないとの理由でホームレスが受け入れを断られ問題視された。川崎から見ると多摩川対岸の東京は、そのころ五輪開催を前にどんどん街角からホームレスの姿が消えていた。テント小屋が並んだ隅田川沿いや、雨風しのげるアーケード街などは軒並み管理が強化され、野宿ができなくなった。台東区で避難を断られたのは、そんな居場所を狭められた末の災害弱者だった。浅草あたりの路上を寝床にしていた旧知のホームレスのトラさん（仮名）は言う。

「みんなどこに行ったのかな。俺もカプセルホテルなんかに泊まるようなったけど」

街には追いかけるようにコロナ禍。新たな生活困窮者

多摩川の河川敷の、タカさんが住んでいたあたりの茂みに分け入る。踏みならされた道が残っていて、奥に進むと生活物資が放置されたままの〝廃墟〟があった。数歩先は穏やか多摩川の流れ。台風時はこれが一転、濁流となって押し寄せ、ホームレスたちの〝家々〟を襲った。

が現れ始め、ネットカフェなど、路上以外の行政が把握しない場所に漂う。

「俺はホームレスの数にカウントされない。アオカンしなくなったからね。ホームレスは減っちゃいないよ」（トラさん）

河川敷から消えたホームレスのタカさんは、いったいどこにカウントされているのだろう。

最後に流れ着く場所

台風一九号によって多摩川下流域は住宅街や商業施設にも浸水被害が多発。高層マンションの停電に断水など、対水害への都市部の盲点、脆弱さが浮き彫りになる。

「川の横に家とか頑丈な小屋を建てちゃダメだっぺ。俺の田舎にも一級河川あっから知ってんだ」

とサト（仮名）さんは話し、竹にビニールを掛けただけの住まいで河川敷に暮らす。流されて困るものはなく、身一つでいつでも逃げられるとどこか誇らしげだ。彼はこの河川敷に水害後にやって来た。福島の会津から上京して一六年。多摩川沿いを転々とし、タカさんがいた同じ水辺に「流れ着いた」。

サトさんの最近の心配事は川の危険より空き缶のことだ。川崎市では、資源ゴミの持ち去りを禁止する条例が今年（二〇二二年）から施行される見通し。そうなると空き缶を拾い集めて売るという彼の生業が奪われる。

「なにしろ飯の種なんでな。けどやると捕まるから、そうしたら福祉（施設）へ行くか」

労働者の街・川崎には仕事を求めいろんな人がやって来て、またいろんな事情で仕事を失い、経済的困窮から路上生活に身を置く人もいる。そんな都会のホームレスの最後の行き場が河川敷だという。いま彼らがいる多摩川の河川敷を眺めると、台風水害の教訓から堤防整備や樹木伐採などの大規模治水工事が進む。ホームレスたちの横には生きる場をなくす〝時流〟もうねる。

（二〇二二年一月一四日掲載）

《追記》 資源ゴミを持ち去ることを禁止した川崎市の条例は二〇二二年四月に施行。違反者には罰金二〇万円の罰則が適用されるようになった。換金価値の高いゴミの回収を規制する同様の条例は、近年、導入する自治体が全国で増えている。

招致失敗のレガシー

名古屋オリンピック構想

日本のオリンピック招致は、実は失敗の連続である。
広島と長崎、大阪。東京も一度は敗れ、返上も経験している。
名古屋が最有力とされた1988年五輪もフタを開ければ惨敗だった。
幻に終わった五輪は、名古屋に何を残したのか。

「平和公園」（名古屋市千種区）の南側に広がる「くらしの森」エリア。五輪があればメインスタジアムが建つ場所だった。雑木林の中には散策路や水田もあり、NPO法人なごや東山の森づくりの会が保全に取り組む。写真左上方向に延びる道が「キラニン通り」。

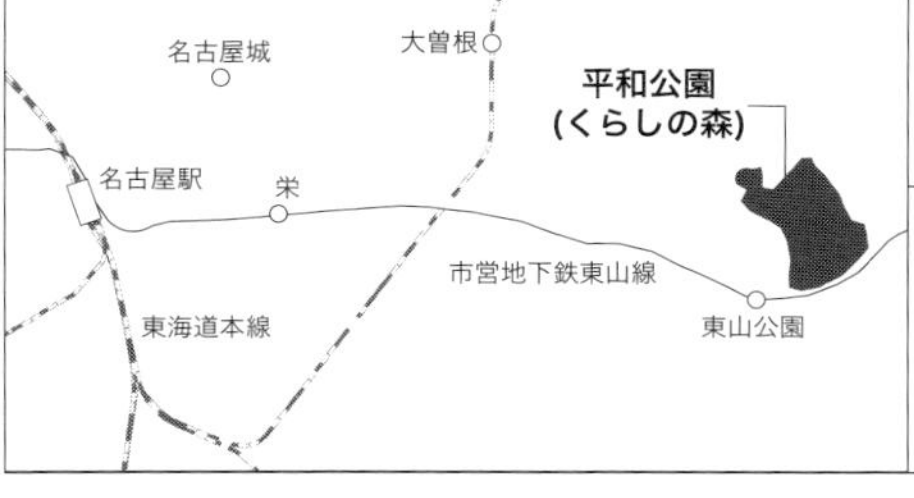

平和公園（名古屋市）へは、市営地下鉄東山線東山公園駅から徒歩約10分。北側は墓地公園で、南側が森林丘陵の「くらしの森」。
中京大学スポーツミュージアムへは、愛知環状鉄道貝津駅から徒歩約10分（中京大豊田キャンパス内）。

そこは生き延びた森だ。愛知県名古屋市の東部にある「平和公園」。散策者が休憩できる施設「里山の家」でスタッフの男性が話をしてくれた。

「よくご存知ですね。もし〝あれ〟があったら全部なくなってます」

愛でるように彼が向けた視線の先に広がるのは、奥深い雑木林、朝日にきらめく池、そして、そこをさえずり飛ぶ野鳥たち。雄大な大自然というよりは親しみある里山の風景と言ったほうが近いだろう。

そんな場を消そうとした〝あれ〟とは、かつて名古屋市で計画されたオリンピックのことを指す。さかのぼること四五年、名古屋市は一九八八年に行われる夏季五輪の開催都市に名乗りを上げ、招致活動を始めていた。聖火を灯すメインスタジアムは、ここ平和公園の南側丘陵を拓いて建設する予定だった。

結果的に一九八八年五輪の開催都市は韓国のソウルが選ばれ、オリンピックがやって来なかった名古屋市に巨大な競技場は建たず、平和公園の森は開発から逃れるわけだが、はからずもこの五輪構想は都会の真ん中に存在してる豊かな自然を見直すきっかけとなった。五輪計画の詳細が発表されると多くの市民が「平和公園の森を壊すな」と叫び、招致活動のたかたわらで貴重な里山を守る活動が活発化していったのだ。

平和公園一帯での環境保全活動は以降も継続され、いまやこの森は自然の大切さが学べ体験できる空間としてさまざまな人間を集める。雑木林に囲まれた中には「キラニン通り」と呼ばれる、丘陵地を登る一本だけきれいに舗装された道路がある。これは五輪招致の際、当時のIOC（国際オリンピック委員会）会長キラニン氏らの視察に備えて整えたもので、当地が五輪と無関係ではない、わずかに残っている証だ。そうだ、あのころは言われなかった昨今の流行語を使うことにしよう。平和公園の自然環境は、名古屋五輪（ただし未開催）のまぎれもない「レガシー（遺産）」である。

上がらなかった五輪熱

右肩上がりの日本経済にはっきりかげりが見え始めた一九七〇年代後半、名古屋市での五輪招致はいきなり動き出す。愛知県の仲谷義明知事が地元財界の後押しを受けた形で、一九七七年に新聞紙上で五輪構想を発表。招

市民の憩いの場となっている「平和公園」。太平洋戦争時の空襲で建物面積の約4割が焼失した名古屋にあって、戦災復興のため広大な丘陵地を開発したのが始まり。大規模な住宅団地の建設、また市内各所の墓地を移転させて慰霊公園も整備した。

名古屋市中心部の栄（中区）。複合施設「オアシス21」は写真映えする新スポットとして外国人観光客にも人気だ。2021年開催の東京五輪では聖火リレーのコースにもなった。後ろにそびえるのは街のシンボル「名古屋テレビ塔」。

致委員長には名古屋商工会議所の会頭を務める、東海銀行の三宅重光会長が就いた。

「びっくりでしたが、あの時代はオリンピック賛成が当たり前。最初は反対の声は聞こえなかった」

当時小学校教員で、『反オリンピック宣言』の共著書がある岡崎勝さんはそう振り返った。

ただ、官と財界主導の五輪招致は初めから市民意識との温度差があったという。大イベントを使った地域振興や開発特需のもくろみが透けて見え、さらには平和公園の開発をはじめとする環境問題。加えて予算面のずさんさに対して市民や識者から疑義が唱えられても、納得できる説明をしないまま行政当局は招致に突き進む。次第に名古屋五輪、さらには五輪開催そのものに反発する市民グループがいくつも生まれることになる。

中京大学スポーツミュージアム（愛知県豊田市）にはオリンピック・パラリンピックに参加した同校出身者の関係資料が展示されている。獲得したメダルなどの輝かしい栄光に混じって、「名古屋には投票しないでください」と英文で書かれた一枚の古いはがきが目を引く。差出人は「名古屋オリンピックに反対する学生と教師の会」

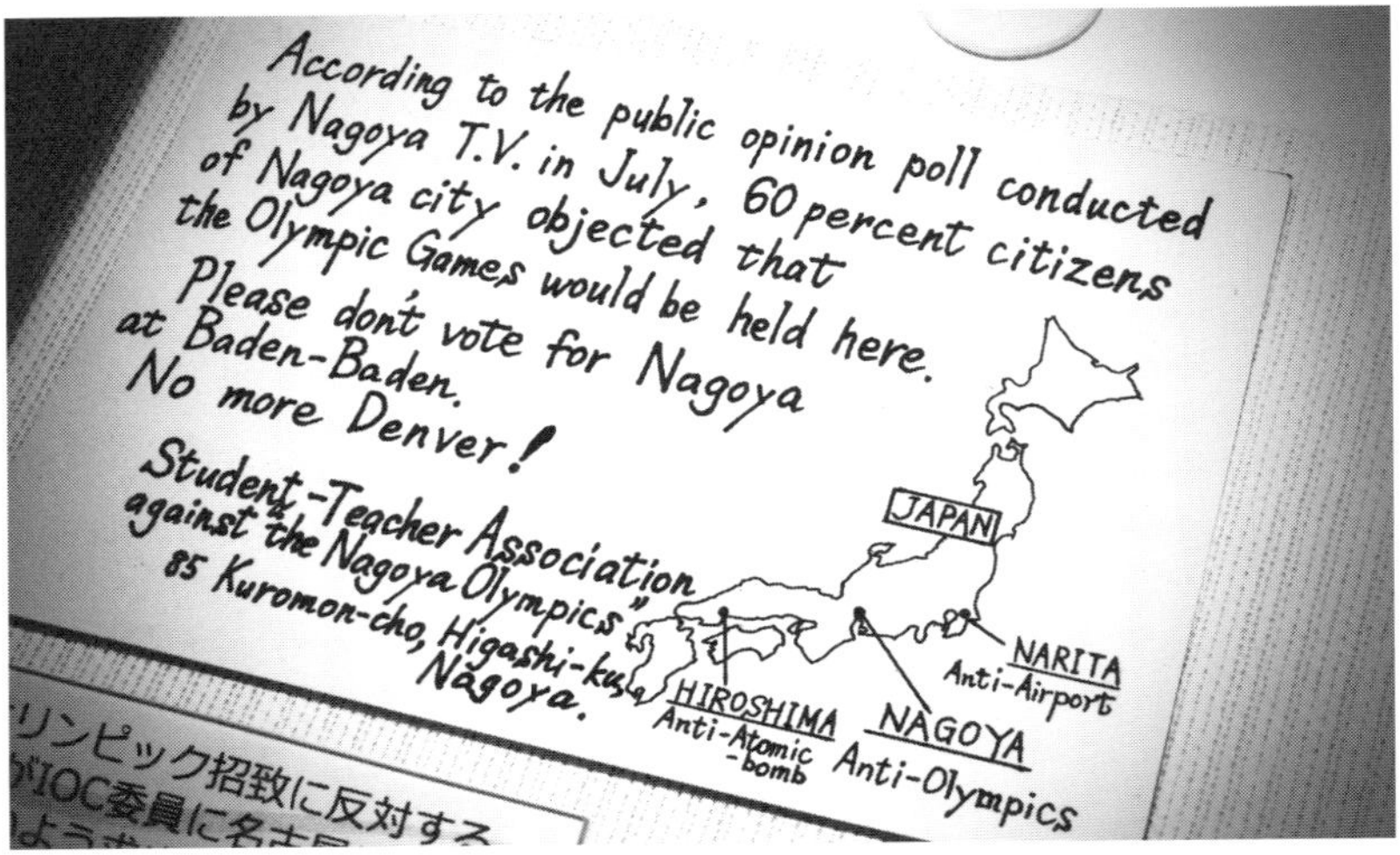

（上）「名古屋オリンピックに反対する学生と教師の会」が送ったはがき＝中京大学スポーツミュージアム所蔵。「世論調査では市民の60パーセントが五輪に反対しています。どうか名古屋に投票しないでください」とある。（下）名古屋市大曽根の商店街入口にあるオブジェ。「世界デザイン博覧会」で街のあちこちに出現した記念モニュメントの一つ。

とある。五輪開催地を決めるIOC総会に出席する委員たち一〇〇人近くへ直接送られたもので、名古屋での五輪中止を求める強い思いと、当時の反対運動の広がりがうかがい知れる。

それでも名古屋市は開催地の大本命とされていて、市には楽観論があった。岡崎さんら反対する人々も結果はわかっているとなかばあきらめつつ、一九八一年一〇月一日の深夜、発表を聞くために集まった。

「（IOC総会で）ソウルに決まった瞬間はシ〜ン。決定後にどうするかを考えていたので、ハシゴを外された感じでした」（岡崎さん）

名古屋二七票に対し、ソウルは五二票。予想外の大差だった。招致の旗振り役だった行政にも落胆と戸惑いは大きかった。あの日、名古屋は五輪開催を巡って〝振った旗〟も〝振り上げた拳〟も、どちらも行き先と収め場所を失ってしまったのである。

五輪断念後の名古屋

一九八八年の五輪開催は、その翌年に迎える「名古屋市制一〇〇周年」の記念事業の側面もあった。ならば代わりにと、一九八九年に名古屋市が行ったのが「世界デザイン博覧会」なるもの。「デザイン」といういささか分かりにくいテーマながら、一九八〇年代の日本は空前の〝地方博ブーム〟だった。「世界デザイン博覧会」では名古屋市内三会場に目標を上回る一五〇〇万人超が来場し、さらに名古屋近郊では二〇〇五年の「愛・地球博」と万博開催が続く。結局のところ、〝振った旗〟の行き先もまた大イベントだったというわけ。

ちなみに、「愛・地球博」では当初、主会場に選定されていた「海上《かいしょ》の森」（愛知県瀬戸市）に希少動物の生息が確認され、会場の変更を余儀なくされた。この「海上の森」を保全する運動には、名古屋五輪招致のときに平和公園の自然を守る活動をした人たちが多く参加していたという。

「市民にいろんな意識が芽生えて、草の根ネットワークができたこと、これこそ名古屋五輪のレガシーでしょう」（岡崎さん）

名古屋が五輪を招致できなかった理由については、ソウルの巻き返しがすごかったとも、スポーツ界との連携を欠いていたとも聞く。市民の反対運動の成果とされることについて岡崎さんは「どうでしょう、わからない」としたが、五輪中止に向けて〝振り上げた拳〟は、意外な果実を得ていたのかもしれない。

周知のように二〇二一年、東京では二度目の五輪が行われた。オリンピックという世界的なイベントに対する日本の人たちの意識、取り巻く状況も時代を経てまるで異なるけれど、市民の間からは名古屋招致のときと同じように五輪中止の声が噴出した。しかし、おそらく名古屋よりも多くの反対を集めていたはずだが、最終的には東京で二度目の五輪は開催された。いまさらながらやらなかった名古屋から問うてみたい。やった五輪の「レガシー」とは？

愛知県と名古屋市は、二〇二六年開催の「アジア・アジアパラ競技大会」の招致に成功した。悲願だった大スポーツイベントが間近にひかえる中、目下の懸案は選手村の跡地問題らしい。移転した旧名古屋競馬場（名古屋市港区）の土地に選手村を建てる予定なのだが、大会終了後に目論んでいた跡地利用計画がすでに二転三転。なんだかもはや「レガシー」の匂いがしてしまう。

（二〇二二年五月二〇日掲載）

2022年3月に閉場した名古屋競馬場（港区）。跡地には2026年開催のアジア競技大会の選手村を建設する予定だったが、跡地利用の計画は大幅な見直しが検討されている。

《追記》アジア大会「愛知・名古屋大会」の選手村については、二〇二三年三月になって建設そのものの中止が決まった。当初は最大一万五〇〇〇人収容できる施設を名古屋市の湾岸地区に整備する予定だったが、原材料の高騰などで想定予算を大幅に上回ることがわかり、開催まであと三年しかない中での「苦渋の決断」（愛知県の大村秀章知事）となった。

選手村は海外から集まるアスリートたちの貴重な交流の場で、アジアオリンピック評議会も設置を望んでいた。しかし、各国選手の宿泊施設は市内に散らばる既存ホテルの利用と、大会期間中に名古屋港へ大型クルーズ船を停泊させ活用するなどの方針に転換。大規模な国際スポーツイベントにおいて、選手村が設置されない初のケースになるらしい。

さて、その選手村を作るはずだった旧名古屋競馬場跡地だが、中部電力グループが中心になり、大会後に分譲マンションや複合商業施設などの一体開発を行う計画が以前から示されている。そもそもこれ、作った選手村の建物を再整備、再利用する、選手村建設ありきの計画だった。予定していた大学移転が頓挫するなどの混乱があっても継続されてきた事業だったが、ここにきての選手村の建設自体の取りやめ、影響は不可避だろう。

選手村の跡地の話題となれば、二〇二一年の東京五輪にも触れたくなってくる。都心臨海部の晴海《はるみ》地区（東京都中央区）に建設された選手村は、同五輪後、すべての建物を改修し、現在は高層マンションが並ぶ「晴海フラッグ」になった。

「夜見ると、あんまり明かりがついてないですよ」とは近隣の住民からなん度も聞かされる話。「晴海フラッグ」は投資目的で購入する法人が相当数あって、契約者数に比べて実際に住んでいる人が少ない「ゴーストタウン化」などの報道も散見する。

実は、晴海地区は一九四〇年に東京で開催が決まっていた万国博覧会の予定地だった。東京は同じ年に五輪も招致し、メインスタジアムを晴海に近い湾岸地区に作る計画があった。しかし、政府は日中戦争の拡大から五輪開催を返上。万博の延期も決定した。幻となった東京での五輪と万博のダブル開催。東京湾岸の晴海は、そんな「レガシー」を背負った土地だったのである。

古墳へ架ける橋

百舌鳥《もず》古墳群

世界遺産になった大阪の古墳は過去に多くが壊され消えていた。
また、古代権力者の墓所である古墳は発掘調査ができず謎ばかり。
学術価値が高くても〝高貴な人〟の墓はおいそれと覗けない。
ダークツーリズム目線で訪ねても古墳はたいそう興味深かった。

工事用の橋が残る「いたすけ古墳」（大阪府堺市）。世界遺産登録された同古墳は2022年、墳丘を崩す危険から樹木を伐採し、古墳の森に棲み着いていたタヌキは姿を消した。市の職員に聞くと「隣の『御廟山（ごびょうざん）古墳』に引っ越したよう」。

百舌鳥古墳群は、JR阪和線百舌鳥駅から徒歩約5分の場所に「大山古墳」があり、東西・南北約4キロメートルの範囲に大小の古墳が点在。「いたすけ古墳」へは百舌鳥駅から徒歩約8分

そこには朽ちたコンクリートの橋があえて残されている。本来の用途を果たせず放置された建築物なれど、案内するガイドは「原爆ドームです」と、あのダークツーリズム界のスーパースターを持ち出し紹介した。ならば、ここに刻まれている人間の〝過ち〟とはなにか。それは文化財についての不見識とその破壊行為だという。

　渡れない橋の先には「いたすけ古墳」（大阪府堺市）のなだらかな墳丘が見える。周濠《しゅうごう》に橋を架けた一九五五年、現代の人間はおよそ一六〇〇年前に築かれたこの古墳を壊し、住宅地にしようとしていた。出る土砂も運び出せば壁土などに使える。橋は工事のための重機やダンプカーの通り道だった。墳丘上の樹木伐採が始まり、目の前で消滅しかかる古代の遺跡。地域の考古学研究者らが急遽その歴史価値と取り壊し反対を訴えると、保存運動が全国的な広がりを見せた。結果、私有地だった土地を堺市が買い取り、国の史跡指定も決まる。破壊はすんでのところで回避された。

　もちろん古墳へ渡した橋は撤去されるはずだった。だが、愚かな文化財行政の生き証人として周囲から存置が要望され、異様な姿のまま後世へと継がれた。たしかに「原爆ドーム」だ。少々こちらが違うのは、負の歴史を語る遺産であると同時に、成功した保存運動の記念碑的な意味合い、正の遺産の側面も持つことだろう。

一〇〇分の四四

大阪湾を望む堺市周辺には、古墳時代最盛期（四世紀後半～五世紀前半）に数多くの古墳が築造された。これら「百舌鳥・古市《ふるいち》古墳群」が世界遺産に登録されたのは二〇一九年のことだ。日本最大の前方後円墳「大山《だいせん》古墳」（伝・仁徳《にんとく》天皇陵）など構成資産は全四九基。消滅危機に瀕した「いたすけ古墳」も入っている。世界遺産に登録されなかった古墳もあまたあり、百舌鳥エリア（堺市）には四四基、古市エリア（羽曳野《はびきの》市、藤井寺《ふじいでら》市）には四五基と、すべて市街地の中に現存する。しかし、

「前はもっとあって、百舌鳥で一〇〇以上。いたすけ古墳が保存された昭和三〇年の後も古墳は壊されています」（堺観光コンベンション協会の古墳ツアーガイド）

　特に戦後の復興期、古墳は宅地開発で次々と破壊されていた。数だけなら残る古墳より消えた古墳の方が多いようだ。「いたすけ古墳」から南西に約一キロメートル、

堺市役所21階の展望ロビーに展示されている百舌鳥古墳群の航空写真。ちなみにロビーの窓からも「大山古墳」や「田出井山古墳（伝・反正天皇陵）」など実物の古墳が俯瞰でき、近代都市に混在する古代遺跡の様子が実感できる。

「大山古墳」の正面にある拝所。宮内庁は「仁徳天皇陵（百舌鳥耳原中陵・もずのみみはらのなかのみささぎ）」とするが、考古学的には被葬者は特定されておらず、仁徳天皇が葬られたと考える考古学研究者も現在ほぼいないそうだ。

百舌鳥古墳群で五番目の大きさだった「大塚山《おおつかやま》古墳」は〝壊された日本最大の古墳〟だという。訪れたってとっくに跡形もない。民家が建て込み、不自然に湾曲した路地だけがかつての後円墳部分の名残り。戦前と現在の航空写真を見比べると、一帯の風景の激変ぶりに驚く。田園に散らばり存在感を示した古墳はその数を減らし、見事に人家に取り囲まれ、近代都市の景観に飲み込まれていた。先住者のはずの古墳が、いまや交通や住空間を歪める邪魔者にさえ見える。

人類史の貴重な文化財より、優先すべきはいまを生きる人間の生活。いや、当時はそんな深刻な決断などしていなかったろう。いまだって古墳の隣人たちにはそこは「珍しないで」と話す見慣れた街角。興味を引く古墳独特の形状も上空から眺めなければわからないし、下から見る限りやや盛り上がった小山か、ただの雑木林だ。学者ならともかく、どんな〝宝〟が埋まっているか知る由もない。価値を知らなければ気軽に壊せもする。

だから「いたすけ古墳」の保存は奇跡的なことだった。その一助には、現地視察した三《み》笠宮《かさのみや》崇仁《たかひと》親王の存在も大きかったとされる。文化財保護など後回しの地元に比

（上）破壊された「七観山古墳」を復元した平成の森展望台。（下）ただの空き地かと見まごう「坊主山古墳」。ペットマナーの看板設置者について近くの住民に聞くと「宮内庁の土地やで。勝手したら怒られるわ」とピシャリ。

し、皇室は古墳に熱心だった。なにしろ古墳は皇室の祖先が葬られた天皇陵などが含まれている。消えた多くとは正反対に、それらは手厚く護られた古墳だった。

菊のタブー

そもそも古墳とは、三世紀後半からの約四〇〇年間に造られた、その時代の有力者たちの墓だ。土を高く盛り、埴輪などの副葬品も埋葬した墳丘墓。そして、古墳の中でも特に「陵墓《りょうぼ》」と呼ばれるのが、歴代の天皇や皇后、皇族の墓である。世界遺産「百舌鳥・古市古墳群」では半数以上の二九基を占め、中核資産を成す。

戦後、貴重な国民的財産を保存する目的で「文化財保護法」が制定されたが（一九五〇年）、そのはるか以前から「陵墓」とされる古墳は国の管理・保護下に置かれていた。並行して宮内庁は皇室財産としての「陵墓」を静安と尊厳の保持を理由に原則非公開にする。誰も立ち入れず学術調査もできない〝アンタッチャブルな聖域〟〝菊のカーテンで隠した暗所〟になることで、古墳のいくつかは開発から護られたのだ。

ただ、古墳の被葬者を特定する「治定《じじょう》」はほとんど江戸末期から明治時代に行われているため、現在の考古学界は最新の知見を元に、築造時期や被葬者についてさまざまな矛盾、異論を提示している。戦後の古墳破壊を見れば、有する価値を知り知らしめることがこの文化財との共存には大切だろう。「陵墓」に対し本格調査ができない現状は、古墳への誤った理解を広め、ひいては文化財保護に逆行すると懸念の声も上がる。

世界遺産登録から三年。「意外に古墳はリピーターが少ない」とガイドは話す。推察するに、やはりわざわざ来ても中を見られないのが大きな理由のよう。古墳は謎が多い。それは護るためだと解明へ向かわず、手が届くのに闇に沈めたままの謎。隔靴掻痒《かっかそうよう》の旅である。

（二〇二二年一〇月一四日掲載）

《追記》破壊後に復元した古墳もある。大仙公園（堺市）内にある「平成の森展望台」は、かつてこの場所にあって、一九五二年の土砂採取工事で消滅した「七観山古墳《しちかんやま》」と同規模の築山。巨大な「大山古墳」と「上石津《かみいしづ》ミサンザイ古墳」に挟まれた、これらに付随すると考えられる小さな古墳だが、貴重な出土品も多かった。

重油が、人が、来た

日本海「ナホトカ号」事故

ロシア船籍のタンカーが日本海で高波を受け損壊した海難事故は、
船長の犠牲と、広範囲に深刻な環境破壊を引き起こしていく。
海岸を覆う粘土状になった黒い油。本当の闘いはここからだった。
四半世紀前の出来事が生んだ、災害とボランティアの新たな関係。

三国サンセットビーチ（福井県坂井市）の海岸クリーンアップ。地元企業や学校、サーフィン連盟などから120人以上が集まった。旧三国町はナホトカ号事故で最初に重油が漂着した。当時の重油回収ボランティアがきっかけで始まった、いまに続く環境保全活動だ。

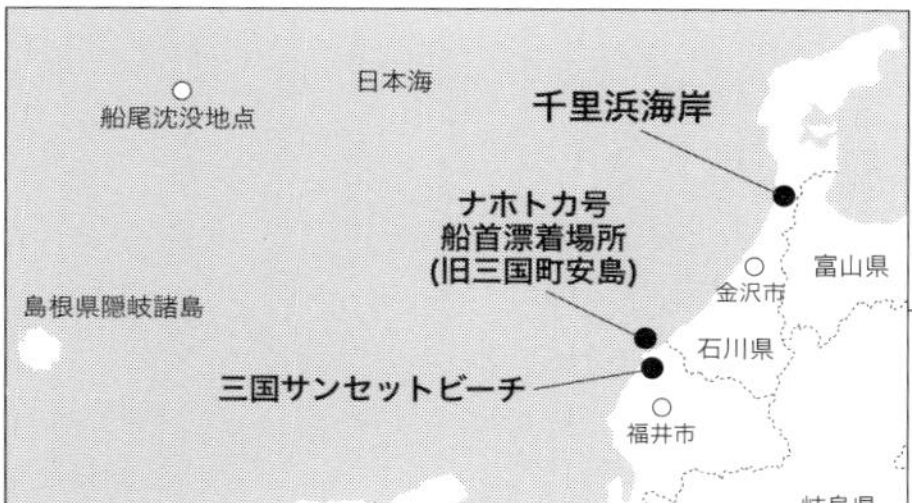

三国サンセットビーチへは、えちぜん鉄道三国芦原線三国港駅から徒歩約7分。北陸自動車道金津 IC から車で約30分。「ナホトカ号事故の碑」へは、三国港駅からバスで約20分、「三国海浜公園」下車すぐ。
千里浜海岸へは、のと里山海道千里浜 IC から車ですぐ。「能登千里浜レストハウス」は JR 七尾線羽咋駅から車で約5分。

そこに積載されていたのは、カムチャツカ半島の各家庭が冬の寒さをしのぐ暖房用燃料だった。ソ連崩壊後のロシアは石油生産が落ち込み、特に厳しい寒さに見舞われる極東地域では影響は深刻だった。切迫するエネルギー危機に、カムチャツカの州や市当局は中国からの石油輸入に踏み切らざるを得なかった。

だから一九九六年末も、ロシアのタンカー「ナホトカ号」の船長は上海で積んだ大切な重油を祖国の港へ届けるために悪天候でも無理して航海を続けたのだろう。しかし、大しけの冬の日本海は経済困窮下で使い古された老朽船を容赦なく襲い、ついに年を越した一月二日、ナホトカ号の船体は島根県沖を航行中に真っ二つに折れてしまう。その場で船尾は沈み、半壊した船首は季節風にあおられ福井県三国町《みくにちょう》（現坂井市）の海岸近くへと漂流。その間、積んだ重油は海に流れ出し、付近沿岸へ次々と押し寄せる。人を暖めるはずの生活必需品は、一転して未曾有の被害をたらす厄介者に姿を変えた。

ボランティアの三国方式

「地球のために役に立てた」

話す中学三年男子と同級生の前には朝日に照らされた美しい海と砂浜が広がっている。ナホトカ号重油流出事故から二五年目の秋、事故当時に大量の重油が流れ着いた三国サンセットビーチ（福井県坂井市）では今年（二〇二二年）も多くの参加者が海岸清掃を行った。始まりはナホトカ号の事故。そして、漂着重油の回収作業に延べ約二八万人のボランティアが関わったこと。主催する福井県生活協同組合連合会の久島《ひさじま》雅夫さんは言う。

「県民みんな、全国からもあれだけたくさん来てくれた。価値ある活動が継続すればと翌年から始まりました」

損壊事故の五日後、漂流するナホトカ号の船首は三国サンセットビーチから約三キロメートル離れた旧三国町安島《あんとう》の沖に座礁する。積んでいた重油一万九〇〇〇キロリットルのうち三分の一はすでに海に広がり、残りも船首から漏れ続けていた。

「岩場はひどかった。人間がやるしかありませんでした」

真っ先に〝重油ボランティア〟に加わった久島さんは、座礁場所からもっとも近い海岸の風景をそう振り返った。打ち寄せられるドロドロの黒い液体は安価で不純物が多いため粘性が強いC重油だった。高性能ポンプは機能せ

旧三国町安島の海岸。この沖合約200メートルにナホトカ号の船首部分が座礁した。事故当時の海は風速約20メートル、波高約6メートルと大荒れだった。周辺は名勝「東尋坊」がある越前加賀海岸国定公園で、岩ノリやサザエなどの好漁場。

ナホトカ号事故の1年後、座礁場所近くの海岸に事故の教訓を伝える碑が建つ。碑文には「瞬く間にまっ黒い重油に覆われ、辺り一面異臭が立ちこめ、住民は恐怖と絶望に怯えました。（略）改めて海、そして自然の尊さを認識させた」とあった。

ず、もはや重油の処理は集まった地元漁民や住民ひとりひとりがひしゃくを手に汲み取り、バケツリレーで運び出す人海戦術頼みとなる。

多くの人手が必要となる事態に反応したのは、この二年前の阪神・淡路大震災を経験した人々だった。震災をきっかけに組織された、民間ボランティア団体などの協力の申し出。最初は地元自治体の動きは鈍かったものの、町の社会福祉協議会（当時）などとの連携で数日のうちに「三国ボランティア本部」を設置し、ボランティア人員を多数受け入れて作業できる体制が整う。

この日、三国サンセットビーチの清掃に参加していた西端正和《にしばたまさかず》さんは二五年前も同じ海岸にいた。

「油まみれで作業していると、若者が車で通りかかってね。どうせスキーに行くんだろうと思ったら、車を降りてボランティアに来てくれた。うれしかったよ」

災害時のボランティア組織を官と民が共同で設置・運営するのは「三国方式」「福井方式」などと呼ばれ、二〇〇四年の福井豪雨ほか、その後各地で起きた大災害の際に取り入れられた。西端さんはこの夏、大雨に襲われた県内被災地の復旧ボランティアにも参加した。

ナホトカ号からの重油被害は島根県から秋田県の沿岸約1000キロにおよんだ。石川県羽咋市と宝達志水町をまたぐ千里浜海岸もその被災地だが、現在は海岸浸食に頭を悩ます。県や地元自治体は対策プロジェクトを立ち上げ、海岸に砂をまく「一人一砂運動」など環境回復への新たな活動を始めた。

「普通のこと、当たり前です」

どうやら「三国方式」とは、災害ボランティアへ参加する意識についてもこの地域ならではの「方式」になっているらしい。

新たな海岸の危機に

石川県の千里浜《ちりはま》海岸もナホトカ号の流出重油による甚大な被害に遭い、自衛隊を含め多くの人が駆けつけその回収作業に当たった。

約八キロメートルの海岸線は国内で唯一、波打ち際を車で走れる砂浜だ。地域の努力で貴重な環境を取り戻した千里浜では、二〇二二年秋、その砂浜を守るためのイベントが開催された。いま直面する最大の課題は「海岸浸食」。地球温暖化による海面上昇や波の影響で、砂浜は年々幅が狭くなっているという。現状を伝えようと企画したのが、砂でアート作品を作る「芸術祭」。重油ボランティアの経験はないが「もちろん知ってます」と語る若い世代が中心になって、近年増加するプラスチックゴミなどの海が抱えた新たな環境問題にも取り組む。

風と桶屋だ。ソ連崩壊がなければ冬の日本海でナホトカ号は重油を運ばなかったし、事故がなければ膨大な重油ボランティアは存在せず、その後の災害や海の危機に対応する人の姿は別の形になっていたかもしれない。

重油が漂うさまに久島さんは「海は繋がっている」と実感したそうだ。きっと海は過去からも、未来へも繋がっている。悲しいかな世界の海では船舶事故と油流出による汚染が絶えない。戦争を始めたロシアはまたエネルギー産業に変化が生じている。再び日本海へ重油が押し寄せるかどうか誰にもわからないが、あの日、故郷の海が油まみれになる悲劇を見た人々は、今日、足元に流れ着いたプラスチックの破片を拾う。

（二〇二二年一二月九日掲載）

《追記》 二〇二〇年にはインド洋の島国モーリシャス沖で日本企業のタンカーが座礁し、重油を流出させた。ナホトカ号の事故時と比べ環境への意識が高まる中、サンゴ礁などの生態系におよぼす悪影響に強い懸念が示された。ちなみに事故はスマートフォンの電波を求めて陸に近付き過ぎたのが原因。こちらもナホトカ号の事故当時にはない、そこでは得られなかった教訓。

街道の御神木は倒れて

大湫《おおくて》宿「神明《しんめい》神社の大杉」

宿場町として栄えた集落で、長年住民に親しまれる巨樹が倒れた。
　昨今の異常気象が倒木の原因なのか、別に理由はあるのか。
人の齢を超えて生き、きっと目に見えない力を宿す〝御神木〟は、
根こそぎ倒れることで、いったいなにを告げようとしたのだろう。

大湫神明神社（岐阜県瑞浪市）の大杉は2020年に倒れた後、地元住民らの話し合いで現地での保存が決定。根元から約5mを切断し、コンクリート製の支柱に立てたオブジェ姿となって次の世代へと継がれた。3年の歳月を経て蘇った御神木にはしめ縄も巻かれていた。

大湫宿へは、JR中央本線釜戸駅から徒歩約50分、車で約8分。中央自動車道瑞浪ICから車で約15分。大湫神明神社は大湫宿を通る県道394号（旧中山道）沿いにあり、保存された大杉のモニュメントが社殿前に置かれている。

そこには宿場が置かれる（一六〇四年）はるか以前から、いたく大きな杉の木があった。

古くから江戸と京都を結ぶ交通の大動脈だった中山道にあって、険しい山道が続く美濃国の難所へ設けた大湫宿（岐阜県瑞浪市《みずなみし》）。人々は大杉のすぐ横に小さな社《やしろ》を建てて、町の繁栄と旅人の安全を見守る〝御神木〟として大切に祀った。

宿場の名に使われている「湫」の字は、水が多く出る湿地を意味する。この大杉の根元にも泉が湧き出し、住民や街道を歩く往来者の渇きを癒す貴重な水源になっていたそうだ。日当たりのいい山の南東斜面で、成長に適した水環境を得た杉の木は幹回り実に一一メートル以上、樹高は最大で六〇メートルにまで達した。幹線道路の役割を他所に譲って古い宿場町の面影のみ残す現代になっても、大湫宿の「大湫神明神社」に立つ大杉の威容は集落のシンボルであり、鎮守であり、なにより地元民の誇りであった。

そんな大杉に突如、悲劇が襲う。

「倒れるなんて誰も考えていませんでした」

国の有形文化財で観光案内所も兼ねている「大湫宿旧森川訓行家住宅（通称「丸森《まるもり》」）」の施設長・向井一峰《いっぽう》さんは、通報を受けてすぐに駆けつけたが、見るまでは信じられなかったと話す。御神木の倒木。まさに驚天動地の出来事だった。

絶妙な奇跡の倒れ方

二〇二〇年夏の雨が降り続いた夜だった。大杉はいきなり根元から抜け倒れ、神社の境内を越えて、さらに前を通る街道を塞ぐように一〇〇トン超の巨体を横たえた。社殿脇の蔵と隣家の一部を押しつぶしたものの、幸いケガ人はひとりも出なかった。

「御神木だけあって、よくぞ奇跡的な形の倒れ方でその身を処してくださった」（向井さん）

倒木は降り続いた豪雨で地盤が緩んだ末の自然災害とされた。地元で樹齢一三〇〇年とも伝えられる大杉がこうもあっさりと倒れてしまう不可思議はあれど、神がかったその最期を敬うように、周囲は倒木を「天寿」と受け止めたそうだ。

大湫の住民たちの関心はなぜ倒れたかより、目の前のこの御神木をどう残していくかだった。真っ先に動いた

中山道の宿場町として栄えた往時の面影を残す大湫の街並み。現在は旧街道周辺に320人ほどが暮らす静かな集落だ。大湫には神明神社以外にも白山神社に樹齢約200年のイチョウの木があり、この宿場ではいたるところで〝御神木〟に出会える。

神明神社の大杉の樹齢は1300年とされていたが、倒木後の調査で約670年と判明。これに匹敵する杉の大木がかつて白山神社にもあった。しかし1947年、地元中学を建てる資金調達のために伐採。樹齢は約880年で、いまは切り株だけが残る。

のが「若い衆」だった。市の移住定住促進事業などで移り住んでいた三〇歳代の住民らが「大湫大杉を応援する若手有志の会」を発足させて、ＳＮＳによる情報発信や、クラウドファンディングを使った大杉再生への資金協力を呼びかけ始める。さらに地元で育った住民と自治体も加わり、大杉を地域の新たなシンボルとして蘇らせる事業が進行していく。

倒木から一年半後の二〇二二年二月、根元部分を切り出した大杉がほぼ元の場所に立ち上がる。大湫宿では毎年秋に行なわれる神明神社の例大祭において、大杉に巻き付けた大しめ縄を掛け替えて一年の始まりとするのが慣例になっていた。

「もう一回、大杉にしめ縄を巻きたい」

大杉再生を願う人々の間では、いつしかこれが合言葉になっていたという。向井さんは感慨深く語る。

「それが御神木たる力です」

人口減少と高齢化が進む小さな集落に起きた大きな厄災だったに違いない。だが、長い歴史を通してこの大杉が備えていた「心のよりどころ」という目には見えない価値は、多様な人々に共通の想いを呼び起こし、それぞ

大湫宿から西に車で10分ほどの瑞浪市南垣外地区。リニア中央新幹線のトンネル工事で出される掘削残土を運ぶため、高さ20メートルの巨大ベルトコンベアが作られていた。およそ2キロメートル先に設けた土砂置き場に向けて、山中深くまで延々と続いている。

れが引き付けられ結び付いていくような、大切ななにかを運んでいたのかもしれない。

地下を掘る新しい街道

そうは言っても、やはりどうして倒れたのか理由は知りたい。しかも樹齢一〇〇〇年を超える杉は屋久杉などの九州に多いけれど、本州ではとても珍しかった。貴重な研究材料として、大学の研究チームによる科学的な調査も行なわれた。

最新機器を使った学術調査よって、当初は風雨と考えられた倒木原因が根の強度不足だったとわかる。倒れて地上にあらわになった根部分を見ると、太いものが少なく、枯死や腐敗も進み、これだけの大木を支える根としては発達が制限された比較的小さなものだった。研究チームは、地下部分にある根の状態があまりにも弱くなっていたため、地上部分の重さに耐えられずにバランスを欠いて倒れたと結論。また、倒木時の雨量は過去に大杉が経験していた範囲内であって、今回の気象が直接の要因ではないともされた。

しかしながら、これだけだとどこか腹に落ちない部分が残る。どうしたわけで地下の根が小さく、発育が阻害され、さらに腐ってもいたかだ。重ねた年月にはいろんな悪天候に環境の激変だってあったはずだ。だが、いまなぜ倒れるほどまで根が劣化していたのか、それに対しては答えが届いていない。

「見えない土の中の水と空気の環境を見ないといけないでしょう」

そう話すのはNPO法人「地球守《ちきゅうもり》」の代表理事・高田宏臣さんだ。高田さんたちは大杉が倒れた一か月後に現地に入って調査を行なっていて、神社周辺の地表部に大きな変化は見られなかったという。しかし、近隣住民から大杉の下から湧く泉に「二～三年前から濁りの膜が浮いている」と聞かされた。

住民の証言が意味することは、見えない地下で起きていた異変である。そして、このことは付近で進むリニア中央新幹線の「日吉《ひよし》トンネル」の工事と時系列が重なり、倒木原因の可能性があると高田さんは推測した。同トンネルは大杉のほぼ直下八〇メートルを通る計画だ。まだ当地に到達していないけれど、数キロメートル先には先行するトンネル工事があって、すでに大量の掘削土が運ばれ山肌や谷筋を埋めていた。

「いまの工事は水の流れを止めちゃう。山全体の水脈を考えれば、人体のどこかで血管の不全を起こしているようなものです」(高田さん)

土壌環境を支えている地中の水の流れが滞れば、土壌に根ざした動植物や微生物などの命の循環だって失われていく。高田さんは山全体を巡っている地下水の流れを考慮し、工事現場から遠く離れた広い範囲にまで悪影響はじわじわおよんでいるはずだと話す。大杉の根の劣化はこれに起因していて、そして、まるで人体の思わぬ場所に病理が現れるがごとく、倒木という目に見える状態で「土中の病理」が明らかになったということらしい。なるほど、個人的にはこちらの〝謎解き〟、なんだかとても腹落ちする。

現時点において、大湫の人々の間では倒木の理由を人的要因、まずリニア工事に求める声は出ていないという。しかし、倒れた御神木はここでもまた、見えないところにこそ、見えない価値にこそ、目を向けろと告げているように思えてしかたなかった。

(二〇二三年一月一三日掲載)

落雷被害をたびたび受けながらも生き残った大杉の横には、どんなときも湧き続けた泉水をたたえる池がある。頻発する水位低下に住民は言う。「水がいつ枯れるかという心配はついてまわります」。

《追記》 瑞浪市大湫町の地下を、東から名古屋方面に向かって貫く形のリニア新幹線の「日吉トンネル」（南垣外《みなみがいと》工区、全長七・四キロメートル）。工事は二〇二四年二月の時点で、大湫の住民が暮らす地区の手前まで掘削が進んでいたという。

そんな折、トンネル工事現場の地上部に相当する大湫町内では、突然、井戸やため池の水位低下が相次ぐようになった。工事を行うJR東海によると、二〇二四年二月以降、同社が設置した観測用の井戸など一四か所で水位低下が確認されているというが、それ以外にも住民が飲み水や洗濯に使っている身近な場所で水源が枯渇する事態が続々起きていた。

大湫宿のはずれに残されている、三〇〇年以上の歴史と伝わる「天王様の井戸」も干上がってしまった。

「いままで水が枯れることは見たことがない」

と地元住民はテレビのニュース番組でインタビューに答え、悲しげな表情を向ける。報道によれば、水位低下とリニア工事の因果関係は確認できていないとするものの、JR東海は、

「ほかに工事をやっていないので、リニア工事によるものと考えている」

とし、ようやく五月になって住民説明会を開いた。JR東海側はそこで、代替え水源として新たな井戸の掘削、また井戸水を上水道に替える工事などの住民補償について提案、話し合いがなされたという。ただ、もともと水の確保に苦労し工夫を凝らしてきた「湫」の土地だけに、カラカラの井戸や底が抜けてしまったため池を前に大湫の住民のショック、募る不安、JR東海への不満もけっして小さくはない。

品川～名古屋間二八五・六キロメートルの工事区間の九割近くが地下トンネルとされるリニア中央新幹線。当初からトンネル工事が地下水に与えるの影響についてはさまざまな人が指摘し、さまざまな場所で問題視されてきている。いまさらながらだが、ここ大湫では、長くこの地を見守る「御神木」が自分の身を倒すことで起きている異変を真っ先に教えてくれていた、ということなのだろうか。

眠らない子守唄

五木村と川辺川《かわべがわ》ダム

日本の子守唄はどこか哀しげな空気をまとっている。
多くが遊び歌や眠らせ歌ではない、守り子自身の哀歌だからだ。
児童労働の悲嘆を歌い継ぐ「子守唄の里」では、
もう半世紀以上、水底に沈む村の行末を案じ、嘆いていた。

住民が去った旧頭地集落（熊本県五木村）を流れる五木小川と黒木晴代さん（左）。彼女が歌う五木の子守唄を幼いころから聞き育った孫娘（右）は、いつの間にかそれを覚え自分で歌えるようになっていたそうだ。川辺川ダムができればこの清流もすべて水没する。

五木村（頭地）へは、くま川鉄道（運休中）の人吉駅からバスで約1時間。九州自動車道人吉ICから車で約50分、同宇城・氷川スマートICから車で約65分。

そこにあるのは母がささやく優しい〝子守唄〟ではなかった。

♪おどま盆ぎり盆ぎり 盆から先ゃおらんと 盆が早よくりゃ 早よもどる（私の奉公はお盆まで。早くお盆が来れば早く家に帰れる）

熊本県の山あい、五木村で歌い続けられ全国的にも有名な『五木の子守唄』。どこか郷愁を誘う調べだが、よく聞いてみると、漂うのはおよそ「優しさ」とは裏腹の「嘆き」や「恨み」である。五木の子守唄は、貧しさのために子守奉公に出された幼い娘たちが日々の辛さを歌ったものとされる。おぶった赤子を寝かすためなんかじゃない。先の歌からは年季終わりを待ちわびる少女の切ない姿が浮かぶ。歌詞は七〇種以上あるという。ほかではさらに痛切に嘆いていた。

♪つらいもんばい 他人の飯《まま》は 煮えちゃおれども のどこさぐ（奉公先の食事は辛いものよ。煮えてはいるけど喉を通らない）

山深い地にあり、段々畑の下を清流が流れる五木村。「日本のふるさと」とも称される山里で耳を澄ますと、境遇に泣き、抗い、歌い交わした伝承の〝守り子唄〟のいまが聞こえてきた。

ダムに翻弄された村

♪おどんが うっちんずろば 道ばちゃいけろ 通る人ごて 花あぐる（私が死んだらどこかの道端に埋めておくれ。通りかかった人が花をたむけてくれる）

五木村で観光案内人をしている黒木晴代さんが、五木の子守唄とともに連れて行ってくれた先には一軒の廃屋があった。住む人を亡くした家の庭には在来種の柑橘類「くねぶ」の木があり、まるでたむけられた花のように黄橙色の実がすずなりになっていた。

かつては五〇〇世帯ほどが暮らし、役場や学校もあった五木村の中心部「頭地《とうじ》」の集落である。ここは一九六六年に計画が発表された川辺川ダムの水没予定地となり、住んでいた人たちは高台の造成地や村外などへ移住していた。訪れた廃屋は移転を拒んで最後まで旧頭地に残っ

頭地大橋から見る川辺川と旧頭地の集落跡。ダムができない前提で2019年には観光宿泊施設が作られた。川辺川ダムについて村民は「賛成も反対も村ではおおっぴらに話せない」と語る。再燃するダム建設問題に村がまた揺れている。

高台に移転した現頭地にある「子守唄公園」。五木村を囲む九州山地を背景に、赤ん坊をおぶる少女像が置かれていた。公園内にはかやぶき屋根の民家が置かれ、中では地元の歴史資料の展示、さらには語り部による子守唄の披露がある。

た一軒だった。

その後、川辺川ダム建設は地域住民を中心に反対運動が続き、二〇〇八年、初当選した蒲島郁夫《かばしまいくお》熊本県知事が「ダムによらない治水」を表明して建設計画は白紙撤回される。しかし、ダム建設に翻弄された頭地に人は戻らなかった。住民が消えたまま放置され、いまでは更地にやぶが茂るだけ。幸いだったのは、かろうじて川辺川の清流と流域の自然が保たれたことだった。

♪おどまかんじんかんじん　あん衆《し》たちゃよか衆　よか衆ゃよか帯よか着物《きもん》（私はまるで物乞い。なのに奉公先の人たちは裕福で、いい帯をし、いい着物を着ている）

五木村は平家落人を追討する源氏の武士が住み着いた地と言われている。その子孫がやがて「旦那衆《だんなしゅう》」と呼ばれる大地主となり、近世になると小作人の娘などが彼らの元へ奉公働きに出された。子守唄に出てくる「かんじん」とは「勧進」。施しを受けながら旅をする遊行《ゆぎょう》の僧を指すと考えられている。山道で出会うみすぼらしい流浪の徒に守り子たちは自身の姿を重ね、眼下に暮らす頭

ダムができれば美しい山河もろとも水没する五木村。想定される新たなダムは「穴あきダム」と呼ばれる常には水を貯めない流水型ダムだが、生態系への悪影響を懸念する声は少なくない。すでに旧頭地では、護岸工事などの影響で、以前はたくさん乱舞し地元の人の目を楽しませた蛍がめっきり数を減らしてしまったそうだ。

地の「よか衆」と見比べてはその生活をうらやみ、いっそう悲しみを募らせたのだろう。

反対に現在、かつて「よか衆」たちがいた川辺川の岸辺から見上げると、山の中腹に新しい立派な家々が並んでいる。代替地移転で誕生した新頭地の街である。さらに、すぐ頭上には旧頭地を跨いで大きな橋が架かる。ダムができて湛水しても沈まない高さ約七〇メートル。開通時にはわざわざ蒲島知事も訪れて渡り初めをした「頭地大橋」だ。

五木のいまを嘆く子守唄

二〇二〇年の九州豪雨で球磨川《くまがわ》が氾濫し、甚大な洪水被害が出た後、治水対策として再び川辺川ダムの計画は動き出す。国は「球磨川最大の支流の川辺川にダムがあれば水害は防げた」などとする検証結果を県側に提示。蒲島知事も今度はダム容認に転じ、流水型ダムを含む河川整備計画が検討されている。

「悔しいです。国にはかなわん、どうせダムはできるって今回はあきらめている人が多い」

と黒木さんは嘆く。二〇二三年一〇月にあった五木村長選挙は無投票だった。村民の関心事はダム建設の是非より、国や県が示す地域振興策（財政支援）ばかりが先行するという。

しかしながら、川辺ダムが治水に有効かあらためて疑問の声が出ている。四年前（二〇二〇年）の水害については、急な増水が球磨川上流の市房《いちふさ》ダムで行った予備放流の影響だったとの見方があり、また球磨川と川辺川の合流点に国が木材置き場を作り、そこからの流木が鉄橋に引っかかりダム化したことも問題視されている。そもそも「ダムによらない治水」を掲げながら、ほぼ対策を講じなかった蒲島知事の無為が被害を生んだ大きな要因であって、だから黒木さんは言う。

「ダムでは水害は防げない」

その思いを彼女は手紙にしたため蒲島知事に送った。返事はすぐあり、そこで知事は「本当はダムを造りたくはない。でも天の声が聞こえた」と答えたそうだ。黒木さんは今も「天の声」とはなんなのか、どこからの声なのか考えている。国なのか、公共事業を受注する地元業者なのか、判然とはしないけれど、五木村から聞こえる声ではないと感じたという。

最後に五木村の南の端で、相良《さがら》村との村境を訪ねた。川辺川へと降りて行くと広い河原があって、そこから見渡す上流と下流の風景が大好きだと黒木さんは話す。そして、ここはまさにダム建設が予定されている場所だった。頭地からは下流に向かって一〇キロメートル以上離れている。ダムができればその距離の間、五木村はずっと谷筋に沿って水没することになる。

♪ ダムはいらない　だれがダム作る　ダムができたら村を出る

黒木さんの口からふいに自作の子守唄がこぼれた。その昔、五木の子守唄は守り子たちが即興で詞を作り、仲間と嘆き歌ったのだそうだ。

（二〇二四年一月二四日掲載）

《追記》現時点で国は川辺川ダムについて、二〇二七年にダム本体の着工、二〇三五年の完成を目指しているという。水没地を抱えた五木村はこれまでは態度を明らかにしていなかったが、二〇二四年四月に開かれた村民集

五木村を訪れた人を案内するとき、黒木晴代さんはまず頭地大橋の上で五木の子守唄を歌う。足下には旧頭地の風景。家族や故郷を想い歌った〝守り子唄〟が切なく響いた。

会の場で木下丈二村長が、

「ダムを前提とした村づくりに向けて新たなスタートラインに立つべきだ」

と述べ、流水型ダムの建設を受け入れる考えを表明した。二時間におよぶ村民集会では村長から地域振興策や環境への影響について説明がなされ、理解が求められたものの、やはり住民の間からは賛否両方の声が出た。すぐさま黒木晴代さんたち住民有志は、

「ダムは百害あって一利なしの迷惑施設」

とダム建設容認の撤回を求め、村長に対し抗議文を提出する。しかし、村の姿勢に変化はなかった。

村はすでに国や県との間で、約二〇年間で総額一〇〇億円規模の財政支援を行うことで合意している。蒲島県政の継承を訴えて二〇二四年三月の熊本知事選に初当選した木村敬《たかし》知事も、流水型の川辺川ダムについては積極的に建設計画を推進する立場である。

こうしたダム建設に傾く行政側の動きを待っていたかのように、この年の六月、旧頭地に最後まで残っていた、あの「くねぶ」の実を実らせていた民家が取り壊された。高台への移転を拒み、二〇一七年まで水没予定地のその自宅民家に住み続けた尾方茂さんとチユキさん夫妻は、

「百姓は土地がなくば生きてゆけん」

と語って、川辺川のたもとで畑を耕し、自分たちの食べるものを作っていたという。すでに二人はこの世を去り、生活を紡いだ古民家は空き家になっていたが、〝子守唄の里〟に息づいていた人々の暮らし、その懐かしき痕跡がまた一つ消え去ることとなった。

村では毎年秋に、同じく水没予定地にある広場で「五木の子守唄祭」を行なっていた。五木の子守唄の歌唱を競い合うコンテストも開催され、村内や県内はおろか全国各地から参加者がやって来て、「正調」と呼ばれるこの村ならではの独特の歌い回しを披露した。現在は祭自体が衣替えをし、高台に作った「子守唄公園」に場所も移動。子守唄を競うのど自慢大会もなくなり、地元の小中学生などが子守唄を発表するだけに変わっている。

「『これは恨み節』と先生には教えてもらってます」

ステージ上で「正調」を歌い終えた中学生のひとりがそう答えてくれた。

雪の中の教訓

八甲田山雪中行軍と幸畑《こうばた》墓苑

対ロシア戦を見据え、冬山越えが可能かを探る一泊行軍だった。
しかし、天候急変を前に指揮官は「天は我等を見放した」と叫ぶ。
未曽有の犠牲を出した明治の山岳遭難は昭和に再脚光を浴びる。
教訓を得たがる後世が、歴史にちょっとだけ色付けして。

「幸畑墓苑」には雪中行軍で遭難死した旧陸軍青森歩兵第5連隊の199人の墓と、生存者11人の合葬墓がある。将校、下士官、兵の階級ごとに、整然と隊列を組むがごとく並ぶ墓標。苑内の「八甲田山雪中行軍遭難資料館」では当時の史料が展示、解説されている。

幸畑墓苑（八甲田山雪中行軍遭難資料館）へは、JR青森駅からバスで約30分。「幸畑墓苑」下車すぐ。青森自動車道青森中央ICから車で約15分。

そこでは一九九の墓標が隊列を組み風雪に耐えていた。寒さ増す一月二五日。冬型の気圧配置とこの冬最強の寒波によって青森市内は朝から雪が降り続く。一九〇二年の同じ日付はいっそう気温が下がり、猛吹雪が襲っていたと記録される。墓標に刻まれているほぼすべては、一二二年前のその日の前後に亡くなった人たちだ。

少し前に誰かが訪れたのだろう、雪中の「幸畑墓苑」(青森県青森市)には奥へと延びる足跡があった。周囲を巡り、そして、ある墓標の前がしばらく立ち止まったように踏まれている。銘は「陸軍歩兵大尉　神成文吉《かんなりぶんきち》」。旧陸軍青森歩兵第五連隊が一九〇二年に行なった冬季訓練「八甲田山雪中行軍」において、将兵二一〇人を率い、そして、行軍途中に見舞われた暴風雪と深い積雪のため自身を含め多数の凍死者を出した悲劇の指揮官である。最終的な遭難犠牲者は一九九人。日本山岳史上最悪といわれるこの惨事を語る上で、欠くことができない人物だ。

違和感と新たな発見

「やはり神成大尉は人気があります。年配者はほとんどが映画を見てきた人です」

墓苑に隣接する「八甲田山雪中行軍遭難資料館」のボランティアガイド・加藤幹春《みきはる》さんがそう説明する。彼の言葉に出てきた映画とは一九七七年封切りの『八甲田山』である。新田次郎のベストセラー小説『八甲田山死の彷徨』(一九七一年刊行)が原作。もちろん元になっているのは青森歩兵第五連隊遭難の史実だ。映画で神成大尉は「神田大尉」の名に変わり北大路欣也が演じた。ほかにも実話をモデルにした登場人物を高倉健や三國連太郎たち名優が演じ、当時の邦画歴代最高興収となる大ヒットとなった。圧倒的な迫力で描かれる極限状態での人物模様、さらに組織とリーダーのあり様を問う内容に、時を超えて現代社会を生きる、特に企業の経営者や中間管理職などから共感を集めた。

「『神田大尉の墓の名が違う』なんて言われたそうです。リーダーについてこんこんと持論を語って帰る人もいました」(加藤さん)

幸畑墓苑にも多くの観光客が押し寄せる空前の〝八甲田山ブーム〟だった。ただ一方で、加藤さんは小説や映画に違和感を持ったと話す。元陸上自衛官の彼は、雪中行軍の編成が軍の組織規範と将校の責務上あり得ないも

幸畑墓苑に入って正面中央の墓標が山口鋠少佐、その向かって右隣りが神成文吉大尉。「天は我等を見放した」と神成大尉が言ったとされる1月25日の朝、舞い立つ雪煙の向こうに、墓標を訪れる人の姿があった。

神成文吉大尉の墓標。墓標がある幸畑墓苑は青森市街から八甲田山に向かう途中にあるが、神成大尉の遺体発見はその幸畑墓苑から山側へ約17km離れた場所だった。遺体は雪に埋まり全身が凍り付いていたという。32歳の若さだった。

のだと感じていた。

劇中、青森市内の兵舎を一月二三日に出発した行軍隊は荒天の八甲田山で進路を失い、翌日、翌々日と雪中をさまよい次々命を落とすのだが、この間、別組織として行軍に同行した山田少佐（モデルは山口鋠《しん》少佐）が命令に干渉し、朝令暮改の未熟な判断を下す姿が強調される。指揮権がないこの上官の越権行為が神成大尉との間で指揮系統に混乱を生じさせ、大量遭難を招いたとするのが、映画だけではなく現実でも定説のようになっている。

しかし、加藤さんは二〇一八年、生存者の長谷川貞三《ていぞう》特務曹長が残した報告書に、山口少佐が行軍の「編成外」ではなかったと読み取れる記述を発見。従来の神成大尉が指揮官とする説とは異なり、山口少佐にこそ指揮権があったとの見方をしている。つまり遭難の主因は統率の乱れではなく、あくまで予想外の気象変化。人災ではなく不運な天災だった、という立場だ。

悲劇から得たい教訓

幸畑墓苑には現在年間一万五〇〇〇人近くが訪れるという。映画公開後も「八甲田山」関連本の出版は多く、

（上）長谷川貞三特務曹長が記した「雪中遭難雑記」。八甲田山雪中行軍遭難資料館ガイドの加藤幹春さんは、ここには行軍編成上のトップが山口少佐だと示す内容が書かれていると言う。
（下）青森市に駐屯する陸上自衛隊第5普通科連隊は毎年冬、120年以上前の雪中行軍と同経路をたどる演習を行なう。1月、山麓の八甲田山国際スキー場には隊員が事前訓練する様子があった。

近年も続く。いまなおたくさんの人の興味を引く理由に、加藤さんは「わからないことの多さ」をあげた。

中でも大きな謎が山口少佐の死因だ。当初は救助後に病状が悪化し死亡と伝わったが、あるときから拳銃自殺説が広まる。小説も映画も、遭難の責を負い病床で自決する劇的な描写だった。

他方、加藤さんは旧八甲田山雪中行軍遭難資料館の福岡秀作館長から「拳銃自殺は嘘」と聞かされていた。福岡館長によれば、新田次郎が同資料館を訪れた際に、現地案内などの助力を得ていた新聞記者・小笠原孤酒《こしゅ》とともに拳銃自殺の場面を創作したのだそうだ。また、これとは別に毒殺説もある。山口少佐の口から遭難の実態が明かされ、陸軍に非難が向くのを懸念した軍上層部による「口封じ」だったとするものである。

この遭難から人は多くの教訓を導く。リスクの把握と準備の重要性。困難な状況でとるべきリーダーシップ。映画の中の矮小化した指揮官の人物像に、体面重視で隠蔽体質の軍組織は、そっくりそのまま現実の出来事と錯誤され、件の教訓へと結び付いていった。きっと思い浮かぶのは三國連太郎の「山田」少佐や北大路欣也の「神田」大尉の顔なのだろう。

記録的な大寒波、厳冬期の八甲田山を軽視した楽観的な計画と不十分な装備、さらに指揮官の迷走や不明確な命令系統など、これまで遭難原因はさまざまに語られている。ではどうしたらこの悲劇を防げたかと問うと、加藤さんは笑みを浮かべながら言う。

「自然には敵わない。現実的には行かなければよかった。そうなると映画作れなくなっちゃいますが」

さて、最近では、小説も映画も見ていない若者も幸畑墓苑に多くやって来ているという。彼らにはアイドルや漫画のキャラクターのような独自の〝推し〟がそれぞれあって、神成大尉のほかにも、帰営を進言した永井源吾軍医が人気上昇中とのことだ。

（二〇二四年三月八日掲載）

《追記》同時期に八甲田山に入山し、雪中行軍に挑んでいたのが弘前歩兵第三一連隊だ。福島泰蔵大尉（映画では高倉健演じる徳島大尉）が指揮し、三八人全員が踏破を果たした。行軍途中に青森隊の遭難者を目撃したとの報告資料も見つかっているが、こちらも事実は謎である。

Ⅱ　喪失する産業の記憶

「いまを生きる廃墟」より

晩方の企業城下町で

シャープ工場閉鎖の矢板

「企業城下町」という言葉で説明される都市は数多い。
大きな企業を頼みに地域の発展を目指す自治体。
電機メーカー・シャープがテレビ生産の拠点にした町は、
城主の経営危機から城下町の歴史に終わりを告げようとしていた。

JR 矢板駅前。ロータリーを挟んで駅舎と向かい合うビルには、「SHARP」と書かれた看板が長年に渡って置かれていた（2023年に撤去）。訪れた人には嫌でも「シャープは矢板の顔」と伝わった風景。看板を掲げたビル内には矢板市の観光案内所も置かれている。

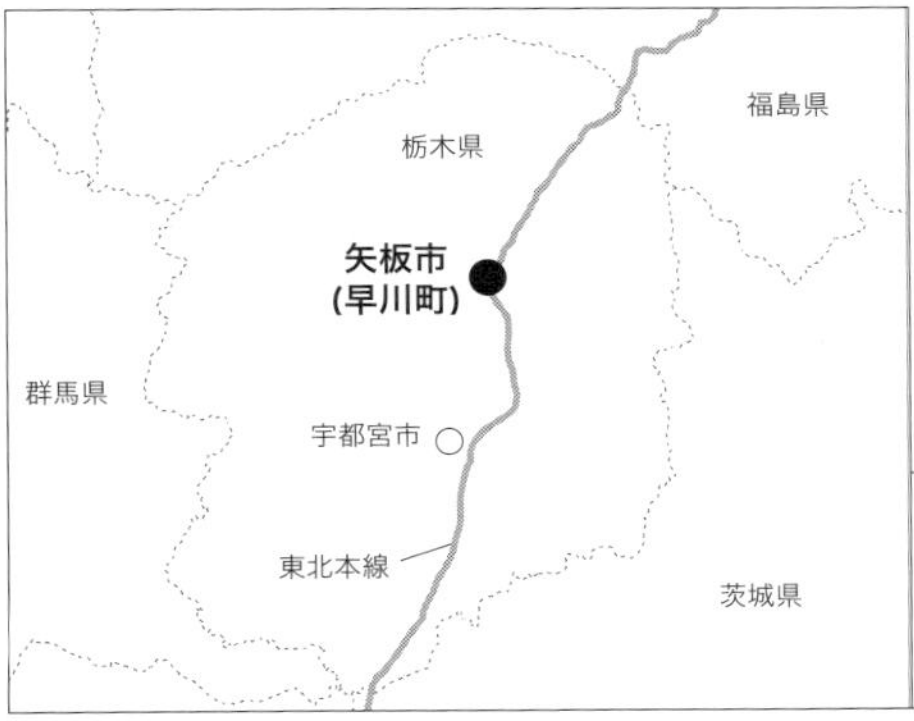

矢板市へは、JR 東北本線矢板駅まで東京から約2時間。宇都宮から約30分。東北自動車道矢板 IC まで東京から約90分。御前原城跡公園（早川町）は矢板駅の南東約2.5キロメートル。徒歩で約30分。

そこは高校の恩師が住んでいた町だった。同級生と連れ立って一度だけ自宅を訪ねたことがある。

「矢板は企業城下町なんだな」

元社会科教師らしい単語を使った町の解説も印象的だったが、招かれた居間にシャープ製のそれはそれは大きいブラウン管テレビが鎮座していたのをことさらに覚えている。

矢板市（栃木県）に「早川電機工業」がやって来たのは一九六八（昭和四三）年のことだった。矢板駅に近い広大な土地に、カラーテレビの専門工場を建設し操業を始めた。誘致を働きかけた矢板市は進出してくれた同社に感謝を込め、工場用地一帯を「早川町」と改名までして差し出した。

二年後には社名が「シャープ」に変わった。早川町周辺に居住するシャープの従業員はどんどん増え、やがて人口三万人あまりだった矢板市民の一割を占めるようになる。市内には下請け企業を含めたシャープ相手の商売が活況を呈していく。

持ち込まれる大きな雇用と大きな税収。特定の大企業によって地域経済や都市機能が整備される「企業城下町」は日本各地に存在するが、トヨタ自動車の豊田市（愛知県）や日立製作所の日立市（茨城県）、パナソニックの門真市（大阪府）などの例と並んで、矢板市はシャープの企業城下町と称されるようになった。

城下町を歩く

かつての下野国塩谷郡《しもつけのくにしおや》（矢板周辺）の領主だった塩谷氏。居城のひとつ御前原《ごぜんはら》城の史跡は早川町にあって、現在は四方をシャープ栃木工場の敷地が取り囲む。近所の女性が散歩に訪れていた。

「あそこの食堂で働いていました。にぎやかだったのが急に人が消えちゃって、自分も仕事ができなくなった。なにがあったのかねえ」

視線の先に見えたのは、国内向け液晶テレビ「ＡＱＵＯＳ（アクオス）」を製造していた第一工場だった。しかし、そこでのテレビ生産は二〇一八年にすべて打ち切られ、いまは物流や保守サービス業務で社員数十人が働くだけだという。

日本の大手電機メーカーで、世界的企業シャープは二〇一〇年代に入ってから急激に経営を悪化させた。低価

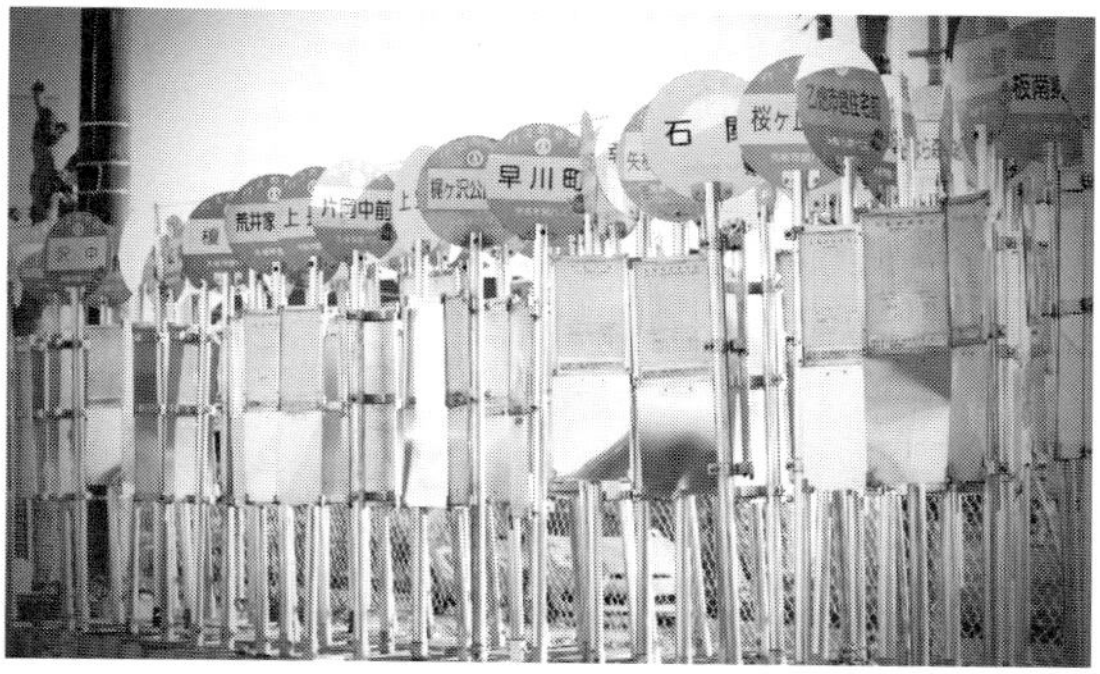

矢板市は2021年10月に公共交通の市営バスを再編。駅からシャープ栃木工場へ向かう路線も、工場のすぐ横に設置されていた「早川町」のバス停もともに消滅した。テレビ生産を終えた工場の近くに、撤去された停留所の表示板が集め置かれていた。

シャープの業績悪化にともない栃木工場は段階的に縮小され、矢板市内の企業もこの数年で同社への依存度を下げつつあった。市民の多くは「ある程度覚悟していた」と表面的には工場閉鎖の事態を冷静に受け止めている。

格の中国や韓国の製品に市場を奪われ、業績悪化に歯止めがかからなかった。

　巨大赤字を前に破綻寸前ともささやかれる中で、二〇一六年、台湾の「鴻海《ほんはい》精密工業」からの出資を受け入れ、その傘下に入ることで再建の道を模索する。始まったのは外資が推し進める徹底したコストカット。冷蔵庫や洗濯機といった「白物家電」の生産拠点を海外に移すなどの経営改革とともに、矢板にあったテレビの生産現場もいっそうの縮小が迫られる。そして、ついに物流拠点の事務所だけとなって、工場は閉鎖に。五〇年続いた矢板におけるシャープのテレビ製造の歴史はあっけなく幕を下ろした。

　工場建屋がそのまま残された早川町は、新旧の〝城跡〟が隣り合う空間になった。第一工場の敷地すぐ横の〝城下〟に、その城の主「シャープ」の名を店名に入れ込む一軒の電器店を見つけた。

「矢板の人は持っているのもシャープ、買い替えるのもシャープ。だいぶ儲けさせてもらった」

　店員はシャープと歩んだ半世紀を振り返る。まずはビデオデッキが発売されて「売れた」。そして、ブラウン

シャープの敷地に囲まれた御前原城跡（早川町）。国道のバイパス開通で消失の危機にあったが、シャープが当地に進出する直前に県の指定文化財となり、公園として一部は守られることになった。桜の名所として知られ、春にはたくさんの市民が訪れる。

管テレビから液晶テレビへの買い替えで「大売れ」。ことさら多くのシャープの従業員が、割引がある社員販売券を手に店を訪れたそうだ。

二〇〇〇年代、家電メーカー中位だったシャープをトップ企業に押し上げた原動力は液晶の技術と液晶テレビであり、その生産の中心はほかでもない矢板だった。矢板あってのシャープのテレビ。同社にとっても矢板と歩んだ時代は輝きを放っていたはずだ。

持ちつ持たれつ

企業の盛衰が自治体の盛衰に直結するのが企業城下町の宿命である。経営不振であえぐ〝城主〟をなんとか支えようと、矢板市は市民がシャープ製品を購入する際に助成金を出す施策をなん度か行なっている。特定のメーカーの家電製品のみに税金を投入するという前代未聞の支援策だが、購入申請者は殺到した。城下の電器店にとってもシャープ製品の最後の「大売れ」だった。

それでもシャープは矢板を去った。企業誘致で成功した市は、再び安定した雇用を生む新たな〝城主〟を探さなければならない。「企業立地優遇制度」を拡充して市外からの企業を積極的に呼び込んだり、また高校サッカーの強豪校など全国で活躍するサッカーチームを有することから、競技施設や合宿地の誘致といった「スポーツツーリズム」での交流人口拡大にも取り組み始めたりしている。

そんな矢板を二〇一二年、環境省が放射性廃棄物の最終処分場として、その候補地の一つに突如選定した。地元の反対に遭って翌年取り下げられたものの（候補地を隣の塩谷町に変更し県内立地は撤回せず）、〝シャープショック〟で揺れていた自治体の、どこか足元を見たような国からの仕打ちだった。

町の活性化にシャープの工場跡地の利用も焦点になっている。これまでは建物をすべて残した状態での一括売却を目指していたが、なかなか成約には至らず、市はシャープ側に対し、更地にしての売却を検討してくれるように要請。もし工場などの解体費用がかさむならば市が費用負担する考えもあると、ここでもシャープに特段の配慮を示している。

ＪＲ矢板駅前にあるタクシー会社の建物の上には「ＳＨＡＲＰ」の大きな広告看板があって、町のシンボルのようにまず目に入る。

「取り外す話は去年ぐらいに出たんですがね、いざとなるといろいろ愛着あるから」

駅から乗せてもらったタクシーの運転手は、早川町に向かう客足がとんとなくなった現状をぼやきつつ、シャープへのなんともやるせない市民感情を言う。

鴻海に買収された後、二年足らずでシャープは黒字に転じたと聞く。V字回復の影にある矢板からの工場撤退。駅前に戻ると冬恒例のイルミネーションが灯り、いなくなった城主の名を、淡く夜空に照らしていた。

（二〇二二年二月一一日掲載）

《追記》とうとうと言うべきか、二〇二三年五月、ＪＲ矢板駅西口前に掲げられていた「ＳＨＡＲＰ」の大看板が撤去された。設置したのはシャープが矢板にやって来た同じ年（一九六八年）だそうなので、文字通り〝シャープの企業城下町・矢板〟の誕生と存在を内外に知らしめた象徴、表看板だった。

「またひとつシャープが消えていく」

とちょっと寂しそうに市民がつぶやく。

地元高校サッカー部の全国大会出場を祝う横断幕が張られた矢板駅。県内でも矢板は「サッカーの町」との呼び声が高い。サッカー振興の拠点「とちぎフットボールセンター」も2019年に完成。

「あってもしょうがない。もうシャープはいないんですからね」

とサバサバ話すのは別の市民。彼女がいちばん気になっていたのは、シャープの工場跡地がなにになるかだったらしいが、

「イオンが来ると思ったのに、まだなんかよくわからないものができるみたい」

と少し残念そう。長らく懸案だった工場跡地の利用は、二〇二三年末になって市内の製材会社トーセン（東泉清《とうせんせい》寿《じゅ》社長）が土地を取得して、直営の製材工場などを作る計画が発表された。

新たな施設は「デカーレ矢板」と名付けられた。構想では跡地に残っているシャープの工場建屋や社宅の建物を活用して、バイオマス発電所や市民が集えるイベント会場を設置していくそうだ。トーセンの東泉社長は矢板市の商工会長も務めている。「デカーレ矢板」が目指すのは、森林資源を使った脱炭素の「エネルギー循環モデル」とともに、新たな人流と雇用を生み出す「地方創生」の場らしい。

矢板が必死にシャープからの脱却に踏み出し始めている一方で、シャープも生き残りに必死だ。

矢板から去った後にいったん黒字に転換した業績だったが、二〇二三年三月期決算で六年ぶりに純損益がマイナスになる。赤字は二期連続し、収益の上がらない液晶事業が縮小を余儀なくされた。翌二四年に入って、いまや国内で唯一テレビ向け大型液晶パネルをつくっていた堺工場（大阪府堺市）の生産停止を決定。堺市に置く本社の移転も検討され、かつての矢板工場と同様、企業は再起のために町から去ろうとしている。

現在、さまざまな産業分野でコスト競争に勝る中国や東南アジアのメーカーが台頭する。変わる勢力図の中で、日本の液晶ディスプレー産業の衰退はかつて世界をリードしてきた分野ゆえにいっそう陰影が深い。一九九〇年代初めのバブル崩壊から日本経済が陥った長期間の不況は「失われた三〇年」などと呼ばれる。シャープの企業城下町・矢板が浴びた液晶ディスプレーの「光」はとっくに消えてしまった。シャープが落とした「失われた三〇年」の深い陰影も次第に薄まり、いつかは失せるのだろうか。

いまを生きる廃墟

化女沼《けじょぬま》レジャーランド

誰の姿もなく、荒れ果て、妖しくたたずむ建造物。
産業遺産から放棄家屋まで、廃墟を訪ね歩くブームはひそかに続く。
人はなぜ廃墟に惹かれるのか、いまどうして廃墟へ向かうのか。
人気を集める、安全で合法的な廃墟ツアーに行ってみた。

2001年に営業を終えた「化女沼レジャーランド」。跡地には観覧車やメリーゴーラウンドなどの多くの遊具がそのまま残され、手が入らない草木の中で廃墟化している。近年は映画やテレビドラマ、各種のコマーシャル撮影のロケ地に使われることも多い。

化女沼レジャーランド跡地へは、東北自動車道長者原スマートICから車で約3分。いくつかの施設は外周から見えるが、敷地内は立ち入り禁止。見学には許可が必要。

そこには夢のカケラが散らばっていた。訪問者はそれら一つ一つを拾い集めるように丹念に見て歩き、写真に収め、スマホの動画に記録していく。二〇〇一年に閉鎖した化女沼レジャーランド（宮城県大崎市）。荒れ野に残る遊園地跡はまさに廃墟だが、空虚ではない。残骸だが、無惨ではない。朽ちつつあるが、棄てられても滅してもいなかった。

仙台市から北に五〇キロメートル。最盛期には年間二〇〜三〇万人が来場したという広大なレジャー施設は、「東北一の観光地」を夢見た男が一九七九年に作り上げた場所だった。バブル崩壊で客足が減り閉園に追い込まれたものの、再開の夢を抱いて遊具たちは撤去せずに残した。観覧車やコーヒーカップ、ゴーカートに温泉付きホテルなどなど。

そして、風雪にさらされたまま長い年月を刻んだそれらの様子が、ここにきて一部の人たちから「廃墟の聖地」と呼ばれ、熱い視線が注がれている。見学ツアーを募ればいつも盛況。遊具で遊ぶ本来の役割は失したものの、廃墟という特殊な魅力を発信する化女沼レジャーランドは、新たなる〝レジャーランド〟の誕生だった。

一日じゅう廃墟を味わう

背丈を超す枯れススキ越しに巨大観覧車が現れた。動くことを止めたゴンドラは表装が剥がれ、ガラス窓が割れ、サビだらけの支柱に無言でぶら下がる。前方のメリーゴーラウンドを見れば、回転台は歪み抜け落ち、侵入した雑草が回転木馬にからみ付く。寂寥感たっぷりのそんな廃遊具を間近にツアー一行二六人が細い草道をぞろぞろ歩く。静かに感嘆の声が向けられる。

「放置の美ですね。人に壊されるのではなく、自然のままに朽ちていくのがいい」

仙台駅を出たバスツアーは目的地に到着するなりガイドの説明を聞きながら園内を一巡。普段は立ち入り禁止だが、ツアーは許可を得ているのでどんどん廃墟内部へ足を踏み入れていく。先には杖をつく九二歳の男性が待っていた。元化女沼レジャーランド社長の後藤孝幸《たかゆき》さんだ。仙台空襲（一九四五年）で焼け野原の故郷を目にしたという彼が、ツアー客を前に話す。

「とにかくみんなに楽しんでもらうところを作りたかった。継いでくれる人がいれば売ります」

一〇〇億円の融資を受けオープンさせた県内屈指の一

全国でもまれな廃墟化した遊園地はマニアの間で人気の場所。当地へのバスツアーは2016年に始まり、毎回すぐ定員に達するという。周囲は自然豊かな場所。隣接するダム湖の化女沼は2008年からラムサール条約の登録湿地になっている。

かつて子どもたちを乗せ歓声を響かせただろう回転コーヒーカップ。大型遊具は開園時にドイツやイタリアなどで買い付けた、当時はまだ国内で珍しい外国製だったそうだ。東京ドーム2.5個分の広さの園内にはさまざまな廃墟風景が点在する。

大遊興施設は、閉園してからはずっと買い手を探している。売却条件はあくまで人が楽しむ場としての利用。後藤さんから「公認ガイド」を任された旅行会社の廣《ひろ》瀬《せ》雅《まさ》州《くに》さんが話を引き取る。

「どうです、いまなら三億円。ぜひこの環境を活かしてほしい。ここは廃墟のままで価値がある」

ツアーは昼食を挟み夕方まで自由散策となるが、参加者の楽しみ方はさまざまだ。東京からきた女性は重い三脚を持ち込みフィルムカメラでの撮影にこだわる。

「賑わった時代の空気が残っているよう」

と、廃墟から感じる盛衰の物語に心奪われたリピーターだった。すぐ隣には、眺めては歩き、立ち止まってはひたすらボーッと見つめ続ける若いカップル。崩壊建物にもぐり込み探検するように動画を撮る男性。廃墟好きの知人に連れられたロリータファッションの女性は、

「ちょっと怖ーい」

と話しながら回転木馬に寄りかかりポーズをとる。廣瀬さんに聞くとコスプレ衣装の参加者は毎回かならずいるそう。壊れた遊具の物悲しさと着飾った生身の人間のコントラストは、たしかに非日常の異世界感が漂い〝映《ば》

ツアーでは特別に敷地内の「化女沼パークホテル」内部へ入ることが許される。オープン当時の旧名「化女沼保養ランド」と書かれた鍵が無造作に打ち捨てられていた。そんな寂りょう感がつのる、腐蝕著しい廃墟ホテルにもかかわらず、後を絶たない不法侵入者の対策に新型の無人警備システムが設置されていた。

える〟〝萌《も》える〟。ツアーの終了時間が近付く。廃墟探訪歴一〇年という女性が歩いて来た。

「近代建築が好きで、特に外の光の中の廃墟はきれい」と、この趣味にハマった理由を語る。彼女の前には遊具たちが夕方の斜光を浴び、いっそうノスタルジックな〝廃墟美〟をまとっていた。

廃墟を文化財に

ガイドからは再三「ここは売り物。ホラーはNG」との注意事項が告げられる。廃墟施設を訪ね、心霊スポットなどと紹介するネット上の投稿は少なくなく、それを意識してのものだ。こと観光地では、廃業後のホテルや旅館がまるでお化け屋敷のように放置され、怖いもの見たさからなかば名所化している。問題はその訪問の多くが無断立ち入りで、そんな不法侵入者が原因と見られる不審火、破壊行為が各地で頻発していること。危険で景観を損なうなどの苦情も多く上がっていることから、国は観光地の廃墟に対し、跡地利用を条件に撤去費用を補助する制度を二〇二一年度から始めた。

廃墟を文化遺産として保存する動きも出ている。「廃墟の女王」と異名をとる旧摩耶《マヤ》観光ホテル（兵庫県神戸市）は二〇二一年に国の有形文化財に登録された。貴重な建築が広く知られ守られるのと同時に、不法侵入者の抑止につながるとの期待もある。

現在いたるところに廃墟が生まれる。所有者の高齢化など、なんらかの理由で人が住まなくなった空き家が廃墟化し、街中でも目に付くようになった。そこにはどんな営みがあったのか。なぜ社会から隔絶したのか。朽ち果てた姿に人間の過去を宿し、いまを生きる廃墟たち。それは荒廃すればするほど劇的な印象を与える。

（二〇二二年六月一〇日掲載）

《追記》ツアー中にはこんな話も聞いた。

「友人を誘ったんですが、『ウクライナの映像を見るといまは行く気になれない』と断られました」

夜にはもうこの日のツアーの様子はSNSに投稿され、かたわらのテレビ画面には廃墟と見まごう姿に変じた戦下の街が映し出されている。人間が暮らしている「廃墟」は虚しく悲惨で、美しさなどなかった。

終着駅弁

立ち売りの「かしわめし」

2019年に「JR時刻表」（交通新聞社）から駅弁情報が消えた。
理由はインターネットの普及にコンビニなど食を得る手段の変化。
駅弁販売駅は激減し、旅情を誘ったホームの立ち売りも絶滅寸前。
旅の大きな楽しみだった、小さな弁当をめぐる旅へ。

折尾駅で駅弁を製造販売する「東筑軒」（北九州市）は創業以来、駅構内での立ち売りにこだわる。一時休止していた同駅の立ち売りだったが、小南さんが2013年に就任して2年ぶりに復活。「『折尾の美声』っていえば有名です。がんばってください」と駅弁マニア。

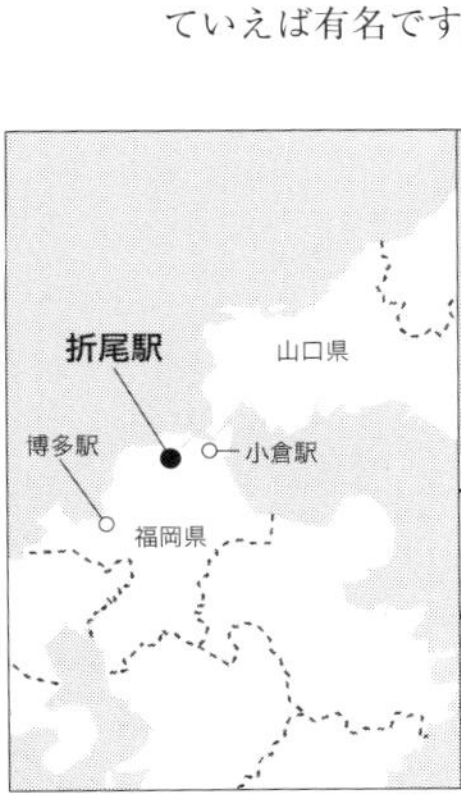

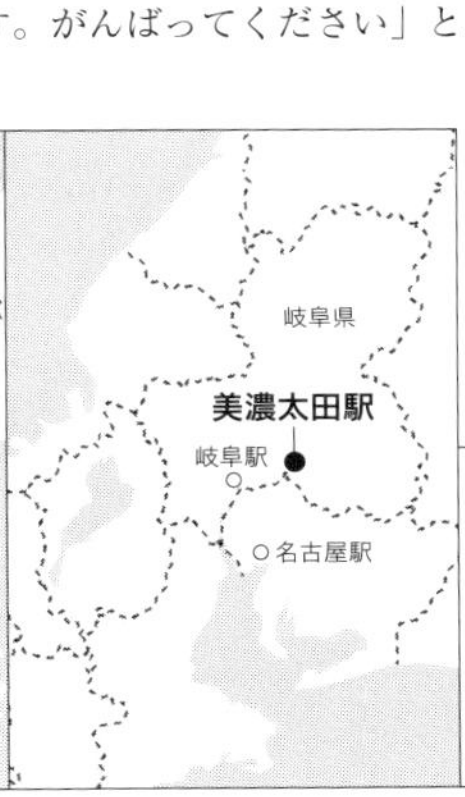

折尾駅へは、JR九州の鹿児島本線と筑豊本線が乗り入れていて、特急で博多から約30分、小倉から約13分。
美濃太田駅へは、JR東海の高山本線と太多線、および長良川鉄道の越美南線が乗り入れていて、特急で名古屋から約45分。

そこでは今日も小南英之《こみなみひでゆき》さんが駅弁を売っていた。二〇二二年春に高架化工事を終えたばかりのJR鹿児島本線の折尾《おりお》駅（福岡県北九州市）。ピカピカの駅を列車が出ると、小南さんの元にひとりの旅行客が歩み寄る。

「いやーよかった。駅舎が変わったので、もういないかと思ってました」

埼玉から来た〝駅弁マニア〟と話す男性だった。彼が買い求めた「かしわめし」は発売から一〇〇年の歴史を持つ九州屈指の人気駅弁には違いないのだが、〝マニア〟のお目当ては弁当の味以上に、ホームに立つ小南さんの手から直接買うこと、これこそにあった。

「おべんと〜、折尾名物〜、かしわ〜めし〜、気を付けて行かれてくださ〜い」

特急列車の到着で再び小南さんが声を響かせる。弁当が入った木箱を首から下げ、列車の横をゆっくりと歩く。かつては全国の鉄道駅ホームで見られた駅弁の立ち売り風景。観光シーズン限定や記念列車の運行日だけ行う駅はあるものの、平素から駅弁の立ち売りをしているのは、もはやここ折尾駅の小南さんだけになったと聞く。

「時代遅れかもしれませんが、そのよさもあるでしょう。文化を守る、残すためです」（小南さん）

でも、悲しいかなこの「文化」は大きな売り上げとは無縁になった。売れるのは一日二〇個ほど。特急の乗降客も、ましてや通勤通学客も、ほとんどが現存する最後の「文化」の横を足早に通り過ぎるだけ。

鉄道の高速化で衰退

JR高山本線の美濃太田駅（岐阜県美濃加茂市）では、約六〇年続いた名物駅弁「松茸の釜飯」の販売が二〇一九年に終了した。同駅のホームに降りると足元にコンクリートの色合いが異なる補修跡があった。

「そこが店の場所。ホームの端っこだから、自分で持って列車まで走って行かな」

そう話す酒向《さこう》茂さんは駅構内で毎日、弁当の立ち売りをしていた。店をたたんだ理由はひとえに駅で弁当が売れなくなったことだ。

「惜しまれながら？　そう言われたって一日一〇個。年中無休で体力的にこれ以上やっとれん」

妻と駅近くの仕出し店「向龍館《こうりゅうかん》」を切り盛りしていた。先代の父が駅弁にと考案したのは、周辺の山林で採れる

美濃太田駅のホームに残っていた駅弁販売所の跡。かつて酒向さんが「松茸の釜飯」をここに運んで売り歩き、列車内で売られる駅弁もこの場所から大量に積み込まれた。車内販売が消えてしまったことも駅弁の売り上げ減には大きく影響した。

鉄道が通って100年を超えた美濃太田駅だが、開業して3年目にはすでに駅弁が売られ始めていたという。2021年末から開催された「鉄道のまち」展（美濃加茂市民ミュージアム）では、酒向さんたちが紡いだ駅弁の歴史もたくさん紹介。

マツタケをふんだんに使った釜飯だった。昭和四〇～五〇年にかけての美濃太田駅は木曽川の船下りに向かう観光客で賑わい、従業員三〇人を抱え一日三〇〇～四〇〇個が「おもしろいように売れた」。走り出した列車を追いかけて、窓から弁当を売ることも日常だった。

しかし、駅弁のやり取りをした車両の窓は次第に開かなくなり、停車時間も短縮されていく。追い求められた高速化によって、もはやゆっくり弁当を食う間もなく列車が目的地に到着してしまう世の中である。

「便利がよーなると弁当屋はだめ。生活が変わって、山も荒れて、地元マツタケも出ない」（酒向さん）

美濃太田駅は二〇二一年に開業一〇〇年を迎え、市民ミュージアムでは企画展「鉄道のまち」が開かれた。展示物には酒向さんが駅弁の立ち売りに使用した肩掛け箱の実物も。美濃太田駅に駅弁がある光景とは、もう博物館でしか出会えないのである。

食べない鉄道の旅

一月、毎年恒例の「駅弁大会」が東京・新宿の百貨店で開催されていた。全国各地の駅弁が勢ぞろいし即売さ

（上）折尾駅で買った駅弁「かしわめし」を車窓の風景とともに。鶏だしで炊いたご飯は「鶏肉以上に美味い」と評判で、冷めてなお味わい深い。上には甘く煮た鶏そぼろ、錦糸卵、刻み海苔。（下）東京駅構内にある「駅弁屋 祭」。地方色豊かな駅弁が毎日200以上そろえられていて、立ち寄るだけで小旅行気分が味わえる。

れる名物イベント。約三〇〇の駅弁が並んだ今年（二〇二二年）も会場には人が押し寄せ、人気駅弁の実演販売には長い列。開店早々に売り切れの有名駅弁もあった。

「さあ帰っておうちで食べようね」

家で待っている家族の分なのだろうか、五～六個の駅弁を手に下げた母娘風が笑顔で人混みを後にする。そう言えば、折尾駅で小南さんに聞かされていた。駅弁が売れるのは昼どきのほかは「夕方や連休」で、この時間帯は自宅で食べるために列車を降りた地元客がけっこう買って帰るらしい。

駅弁の販売駅はここ三〇年で約三分の一に減った。ただ、駅弁は鉄道以外の場所に新たな販路を見出している。先の「駅弁大会」は百貨店の物産展としては最大級の売り上げなのだという。スーパーマーケットへの催事出品に、さらには地方の駅弁業者の東京進出も相次ぐ。車窓を眺めながら食べる〝旅の友〟から、家で楽しむ〝お持ち帰りグルメ〟へと軸足を移した生き残り。本来の冷めても美味しい工夫に加え、旅気分も地方の特産品も手軽に味わえる駅弁は、車窓がなくたって十分に人を引きつける食アイテムなのだろう。

新幹線や在来特急からとうに食堂車が消え、最近は車内販売も次々と中止になっている。そこに長旅や車内飲食の自粛が迫られるコロナ禍の追いうち。われわれは以前に比べて列車での移動中に食べなくなった。でもまだほんの少し前の時代、たとえば内田百閒は、

「なんにも用事がないけれど、汽車に乗って大阪へ行って来ようと思う」

と『第一阿房《あほう》列車』（新潮文庫）の冒頭に書き、乗った列車の席で駅弁を含めてよく飲み食いをしていた。不要不急の鉄道旅を愛したかの文豪にとって、駅弁が買えない、車内で食えない現代の旅とは、どんだけのダークツーリズムに映ることかな。

（二〇二二年七月二二日掲載）

《追記》 採算や後継者の問題から駅弁の立ち売りを廃止、もしくは休止する駅が増える中、災害でやむなく断念するケースもある。JR常磐線の原ノ町《はらのまち》駅（福島県）は東日本大震災で、JR肥薩線の人吉《ひとよし》駅（熊本県）は二〇二〇年の九州豪雨で、それぞれ鉄道の運行が止まったことで人気駅弁の販売が消滅。再開されてもいない。

遺産のフルヒストリー

佐渡金山と世界遺産登録

2024年に世界文化遺産への登録が決まった「佐渡《さど》島の金山」。
ここまで道のりは紆余曲折、一度は見送りの方向でもあった。
問われるのは輝く「光」を「闇」の中で掘り続けた人たちの歴史。
佐渡にはいま、残すべき人類の遺産とはなにかを考える旅がある。

東西115メートル、南北80メートル、高さ35メートルで、階段状に9層を成す北沢浮遊選鉱場跡。日中戦争が始まった1937年に国策で整備され、金や銅の増産を担った。1989年まで操業した佐渡金山だが、その歴史末期の建造物は美しい廃墟遺跡となって訪問者を魅了する。

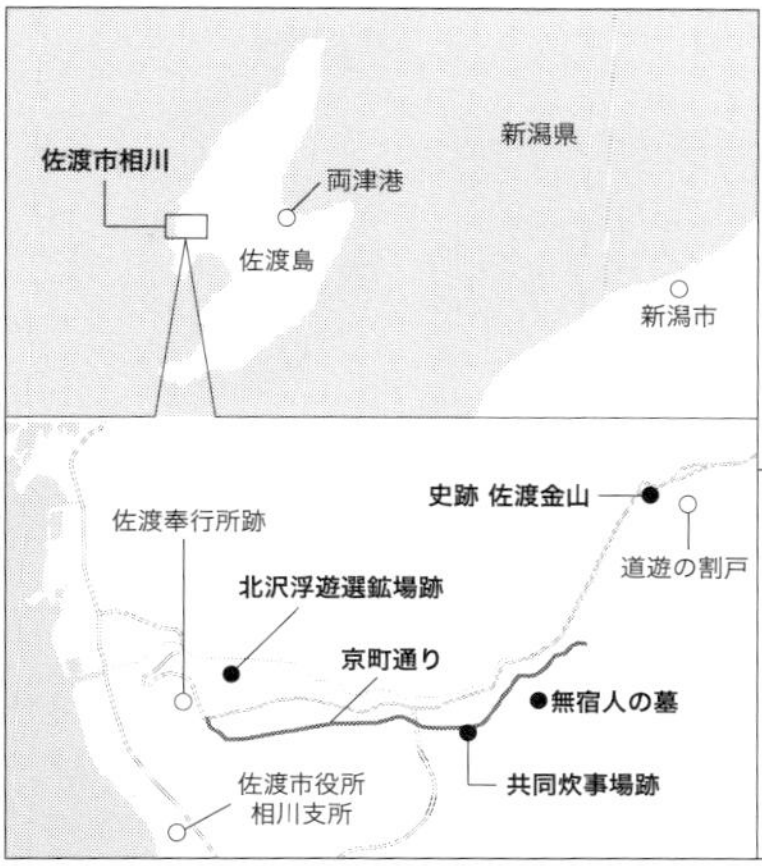

佐渡島へは、新潟港から両津港まで高速船で約65分、直江津港から小木港まで同船で約75分。佐渡金山は両津港から車やバスで約1時間～1時間半。
北沢浮遊選鉱場跡へは、両津港から車で約50分。新潟交通佐渡のバスで「相川博物館前」下車、徒歩約2分。
京町通りへは、両津港から車で約50分。沿道に「共同炊事場跡」、さらに万照寺の裏手に「無宿人の墓」がある。

そこにそびえるのは昭和初期に使われ閉鎖された建物なのだが、もはや歴史的風格さえ感じる、古代ローマ遺跡のごときたたずまいだった。朽ちゆくコンクリートは雑草に囲まれ、蔦が絡みつき、そんな緑の生命力に侵食された廃墟はスタジオジブリのアニメーション映画をも彷彿させるらしく、昨今の人々の間では「佐渡のラピュタ」なんて呼ばれ方もする。

とにもかくにもフォトジェニック。事実、訪れる人たちはしばし目を奪われ、そして、どうしてもカメラに収めずにはいられない。

「これが世界遺産になれば～、なればいいんだけど」

撮影を終えた男性がなんとなく残念そうな口ぶりで隣を歩く女性に話しかけた。

日本海に浮かぶ佐渡島《さどがしま》（新潟県佐渡市）にある「佐渡島の金山」は、ユネスコ（国連教育科学文化機関）の世界文化遺産登録を目指していた。目の前に建つ「北沢《きたざわ》浮遊《ふゆう》選鉱場《せんこうば》跡」は採掘した鉱石を砕いて金を回収する施設で、佐渡でもっとも金を産出した時代の貴重な遺構である。そして、佐渡観光における屈指の人気スポット。

しかしながら、「佐渡島の金山」が登録を目指す世界文化遺産の構成資産ではない。正しくは、目玉遺産として当初は含まれていたものの、あるときからリスト外にされてしまった、とても貴重でとてもフォトジェニックな〝ただの遺産〟である。

「歴史戦」の戦場に

およそ六〇〇年前の室町時代、流罪となった世阿弥は「金《こがね》の島ぞ妙《たえ》なる」と記し、古来より〝輝ける価値〟の存在が知られていた佐渡島。江戸時代には独自の手掘り技術や精錬法によって世界最大級の金生産地となり、明治時代以降も金や銀や銅などの地下鉱物資源によって日本の近代化を支えてきた。――金山の長き歴史と由来する文化は世界に誇れる宝。佐渡の市民有志が佐渡金山の世界遺産登録に向けてグループを立ち上げ、草の根の運動を始めたのはもう四半世紀前のことだった。

ユネスコの世界遺産になるためにはまず国内の推薦候補になる必要がある。佐渡金山は文化審議会（文部科学大臣と文化庁長官の諮問機関）によるその選考に二〇一五年以来、四回続けて落選。政府や新潟県などは二〇二〇年の五回目の挑戦に当たって、「普遍的価値が凝縮して

世界遺産「佐渡島の金山」は西三川砂金山と相川鶴子金銀山の大きく2つの資産で構成される。国内最大級だった相川金銀山では江戸時代に開削された坑道が観光用に公開され、人形が作業風景を再現する（「史跡 佐渡金山」の「宗太夫坑」）。

佐渡金山にほど近い山中にひっそりとある「無宿人の墓」。水替え人足として働き坑内で亡くなった28人の出身地や年齢、戒名が刻まれた墓碑などが建つ。地元の相川の人によっていまなお新しい花が供えられ、毎年4月には墓前で供養祭も行われる。

いる」と世界遺産の対象年代を江戸期までに限定する。つまりこの段階で、北沢浮遊選鉱場跡など明治期以降の遺構は除外されてしまったというわけ。

結果的には翌二〇二一年に国内の推薦候補に選ばれるが、貴重な歴史遺構の一部が含まれなくなる対象年代の変更の背後にいったいなにがあったのか。

ささやかれていたのは、一部の政治家が「歴史戦」と呼ぶ歴史認識をめぐる韓国との対立である。佐渡金山には一九三九年からの戦時動員で、約一五〇〇人の朝鮮半島出身者が徴用され、働いていたとされる。韓国側はこれを「強制労働だった」として世界遺産の推薦そのものに反発。対して日本政府は「差別はなかった」と主張し、地元からも「世界遺産に関係ない。いちゃもんだ」との声が出る。だが、対象年代を江戸期に限定した突然の対応が、「強制労働があった戦時中を外すためでは」との憶測を招くことにもなった。

「全部含めての歴史です。途中で区切ったのは大きな間違いだと思います」

そう話すのは元佐渡市議で、佐渡金山の世界遺産登録に長年関わってきた小杉邦男さんだ。地元に残された古

佐渡金山で働く朝鮮人たちの弁当を作り、彼らが食事もしたとされる「共同炊事場」の跡。朝鮮から来た人々の痕跡は京町通り（佐渡市相川）の道端に案内板もなくただ放置され、その過去を残そうとする意思は世界遺産を目指した町にはあまり見当たらない。

い資料を掘り起こし、韓国国内での調査も行なった小杉さんは、朝鮮半島出身者の強制労働は歴史的な事実だとして、負の歴史であっても積極的に認めることが遺産自体の価値を高めると考えている。

二〇二三年八月には、かねてから予定されていたユネスコの諮問機関・イコモス（国際記念物遺跡会議）の現地調査が異例の完全非公開で実施された。「こっそり隠れるように来た」（小杉さん）理由について、日韓対立の警戒感からという見方もあった。いつしか外交問題と国内政治に翻弄され始めていた佐渡。世界遺産登録という長年の悲願達成の最終局面になって、金山のお膝元である相川《あいかわ》地区の人たちにはどこか盛り上がりに欠けた空気を感じると小杉さんは言う。

「歴史を隠して、わざわざ胸を張れないようなものにしている」

働いていたのは誰か

最盛期の人口は五万人。ゴールドラッシュに沸いた旧相川町の往時の面影を残すのが京町《きょうまち》通りである。江戸幕府の「天領」となり相川に置かれた奉行所と、金を掘り出す金鉱山とを結んだ約一・七キロメートルの道沿いには豪勢な商家が並んだそうだ。

そんな鉱山町のメインストリートの外れ、坂を登った山林の中に「無宿人《むしゅくにん》の墓」がある。「無宿人」とは犯罪や天災などで郷里を追われた江戸時代の無戸籍者のこと。江戸中期以降、多くが大都市に流れ込むようになり、江戸などの治安悪化を懸念した幕府は彼らを捕らえ佐渡金山へ労働者として送った。無宿人たちが従事したのは坑内での過酷な排水作業だったらしい。そして、金山に送られた一八〇〇余人のほとんどが、そこでの労働の末に命を落としていったと伝わる。

「これも強制連行。江戸時代から強制労働はあったということです」（小杉さん）

山中の墓標は無宿人のほんのひと握りのものだが、金山労働者たちの悲哀の証にほかならない。さらに京町通り沿いには「強制連行」で集められた朝鮮人労働者たちの食事を作った「共同炊事場跡」も残っていた。すぐ近くには江戸期の露天掘り跡「道遊《どうゆう》の割戸《わりと》」、明治期に作られた西洋式の「大立竪坑《おおだてたてこう》」、昭和期に活躍した北沢浮遊選鉱場の跡といった、各時代の遺構も点在する。金山の繁栄とそれを支えた命の痕跡は隣り合い、ひと続きの歴史景観の中にあるのだ。

ユネスコは世界遺産登録に際し「フルヒストリー」を求めている。歴史全体を多面的にとらえ、負の要素も含め伝えることで、人類にとっての「遺産」はその意味を成すということらしい。まさにうってつけ。佐渡金山には「遺産のフルヒストリー」がちゃんと残っている。

北沢浮遊選鉱場跡の近くで夕刻、そんな過去から続く相川の現在を語る老人に会った。

「ここの賑わいはすごかった。朝鮮人も歩いていました。だけどみんな出て行って壊れた空き家ばかり。世界遺産になるんなら、みっともないからきれいに片付けろって役所に言ってるんですが」

老人の話を聞いているうちにすっかり日が暮れてしまった。気が付けば、暗闇に沈む「壊れた空き家」たちの背後では、巨大な廃墟が鮮やかな光に包まれ浮かび上がっている。毎夜七時から始まる北沢浮遊選鉱場跡のライトアップ。世界遺産にならないその遺構は、とても幻想的な姿で佐渡金山のいまを伝えていた。

（二〇二三年一一月一〇日掲載）

ライトアップされた北沢浮遊選鉱場跡。金山は明治時代に官営となり、さらに民間の三菱合資会社に払い下げられた。閉山後は同社の流れを継ぐ株式会社ゴールデン佐渡が旧坑道を使い観光業を展開。

《追記》ユネスコは二〇二四年七月、インド・ニューデリーの世界遺産委員会で「佐渡島の金山」の世界文化遺産登録を全会一致で決定した。同委員会は「世界の他の地域で機械化が進んだ時代に、高度な手工業による技術を継続した類を見ない事例」とその価値を認め、これで日本の世界遺産は二六件になった。

地元佐渡は吉報に沸いたが、関係者は最後までヤキモキさせられた。事前審査を行なったイコモスの直前勧告では、四段階の評価のうち上から二番目に当たる「情報照会」に抑えられ、さらなる補足説明が土壇場になってもなお必要とされていたのだ。採掘期間すべてを通じた全体の歴史＝「フルヒストリー」への配慮を求める追加勧告も受け、佐渡の審議自体が次年以降に先送りされる公算も大きかった。

それが逆転登録となったのは、日本と韓国の歩み寄りだった。報道によれば、日韓両国政府は「朝鮮半島出身の労働者」に関し水面下での交渉を続けていて、最終的に日本側は「現地の施設に『強制労働』の文言を使用しない代わりに、過酷な労働環境を説明する展示物を設ける」という案を提出。韓国は世界遺産登録の可否を決める委員の一国で、反対の立場だったが、その日本案を受け入れたことで一転、登録に至ったのだそうだ。

前例はあった。二〇一五年に登録された長崎県の端島《はしま》（軍艦島）などからなる「明治日本の産業革命遺産」でも、韓国から「強制労働」の存在が訴えられ、日本は実態を説明する展示施設の設置を約束していた。

佐渡の登録が決まった世界遺産委員会で日本は、「朝鮮半島出身者を誠実に記憶にとどめる」と各国委員に述べ、それに対し韓国も、「すべての歴史には光と影があり、世界遺産はそのどちらも記憶されなくてはならない」などと応答したそうだ。

世界遺産登録を巡るこうした政治的なやり取り、そしてこれまでの経緯、さらに佐渡が背負うであろうこれからも、この遺産にとっては貴重で人々の記憶にとどめるべき「フルヒストリー」に違いない。

原発廃炉半島

敦賀

沸騰水型と加圧水型の軽水炉、さらには高速増殖炉に新型転換炉。
福井県の敦賀半島には日本の原子力発電所の各炉型が勢ぞろい。
しかし、東日本大震災後は停止して廃炉が相次ぐ。
美しい海に突き出た半島で、まずは〝夢の原子炉〟が来た場所へ。

白木漁港（福井県敦賀市）からはもんじゅの建屋全体が一望できる。中央の大きな円筒ドームに収まっているのが「高速増殖炉」。ナトリウムを用いた「高速」中性子をプルトニウムに当てると、核分裂後に再びプルトニウムが生まれ、燃料が「増殖」する仕組みだった。

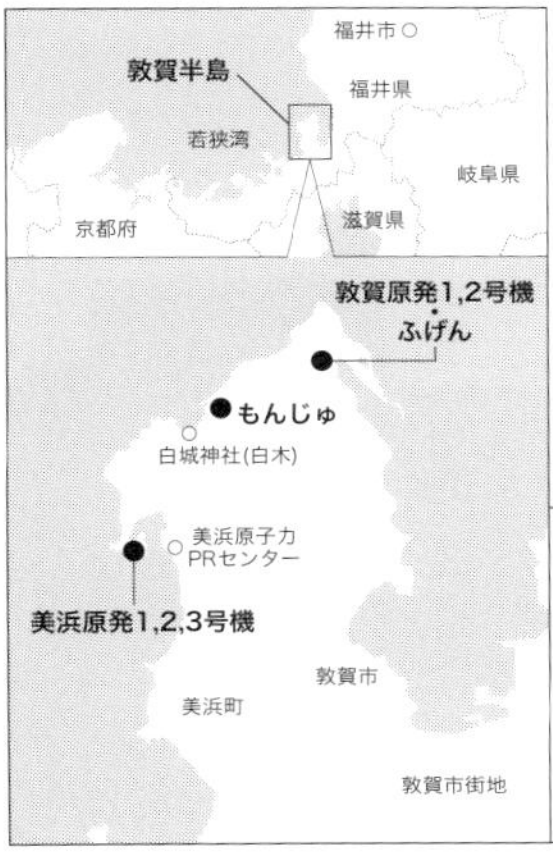

敦賀へは、大阪から特急で約1時間半。北陸新幹線で東京から約3時間。
もんじゅ（白木）へは、敦賀駅からバスで約1時間。北陸自動車道敦賀ICから車で約40分。もんじゅの施設見学は日本原子力研究開発機構敦賀事業本部への申し込みが必要。

そこは長らく陸の孤島だった。敦賀半島（福井県）の先端で、三方を山に囲まれ、北側だけが海に面している。現在二〇世帯六〇人ほどが暮らす集落だが、周辺で縄文土器が出土するので人は太古より住み着いていたようだ。山すそに白城《しらき》神社が立つ。地誌では「祭神いまだ不詳」とあるものの、「白城」名の由来は「新羅《しらぎ》」との言い伝えを持つ。九州から北陸の日本海側は歴史的に朝鮮半島との関係が深かった。ここ敦賀市「白木《しらき》」地区も新羅からの渡来人が来て住んだとされていて、彼らの子孫が祖神を祭ったのが社の始まりだろうか。

そんなちょっと古代史ロマンも漂う、半農半漁でひっそり生きる白木に一九七〇年、原子力発電所を作る話が持ち込まれる。高速増殖炉「もんじゅ」。建設地は集落から約一キロメートル離れた、白木の人たちが沢沿いを拓き棚田にした土地だった。

労苦多い耕地が高値で売れることに、住民はもろ手を上げて喜んだという。さらに市街地への道路が整備され、新たな働き口も生まれるなど、仏の名前が付けられた施設の到来は、地元にとっては生活を豊かにしてくれるまったくの吉事に映った。

廃炉半島・敦賀

しかし、もんじゅは二〇一六年に廃炉が決まった。一九九四年から試験運転を始めたが、ナトリウム漏れ火災など事故が相次ぎ、運営主体の旧動力炉・核燃料開発事業団（現日本原子力研究開発機構）による事故隠しや機器の点検漏れといったずさんな管理も露見。そして、東日本大震災。もんじゅの継続は困難と国は判断した。

もんじゅは核分裂のたびに「使った燃料以上の燃料を生み出す」高速増殖炉だった。しかも燃料を輸入天然ウランに頼る通常の原発に対し、もんじゅの燃料は使用済み核燃料を再処理して得るプルトニウムなので、国内でのエネルギー調達が可能になる。資源小国の日本にとって〝夢の原子炉〟。白木の人々にもその〝夢〟は語られ、国策事業の協力が求められた。だが、一兆円を超す税金が投じられながら実際に発電した期間は四か月程度という散々。二〇一八年から廃炉作業に入り、二〇四七年度の全工程終了を目指している。

廃炉が進むもんじゅの施設は一般の人でも見学できる。内部は入れないが、建屋を間近かに担当者から現況説明が受けられる。もんじゅの仕組みや事故の経緯も語られ、

山に囲まれた白木の集落にある白城神社。写真左奥がもんじゅが建つ海岸線。夏は海水浴客で賑わい、海釣りの穴場だ。一方で、市民からは「核暴走」の懸念が言われ、着工当初からもんじゅの建設と運転には反対運動や差し止め請求が続いた。

関西電力の「美浜原子力 PR センター」（福井県美浜町）は、若狭湾に面した風光明媚な海岸線にある。展望室に登れば丹生（にゅう）大橋の向こうに美浜原発の各建屋が見えた。左から順に廃炉作業中の1、2号機、運転中の3号機。

そこでは原子力施設の危険性より施した安全対策、得た知見、人材育成といった成果が強調された。きっと廃炉は忸怩《じくじ》たる思いなのだろう。頓挫した〝夢〟へのやるせない気持ちがどうしたって伝わってきてしまう。

　福井県の若狭湾は沿岸に一五基の原発が並ぶ、俗に言う「原発銀座」である。敦賀半島は七基が集まるその中心地。だが、現在運転中なのは一基のみで、もんじゅを含め五基が廃炉、一基は停止中だ。もんじゅから東へ、敦賀半島トンネルを抜けると敦賀原発一、二号機と新型転換炉「ふげん」が現れるが、日本独自の核燃料サイクルの技術開発を背負ったふげんは二〇〇三年に、日本初の商業用沸騰水型軽水炉である敦賀原発一号機は二〇一五年に、それぞれ運転を止め廃炉が決定している。

　敦賀半島の西側には関西電力の美浜原発一、二、三号機（福井県美浜町《みはまちょう》）がある。大阪万博へ「原子の灯」を送った一号機、そのすぐ隣に建つ二号機はともに運転の開始が一九七〇年代で、老朽化もあってどちらも二〇一五年から廃炉措置に。ちなみに、三号機は運転開始後四〇年を超えて稼働する国内初の原発だ。こうなると「原発銀座」はさしずめ「廃炉銀座」の様相を呈す。

（上）敦賀半島の東側に並ぶ通称「げんでん敦賀」（福井県敦賀市）。いちばん左が廃炉の敦賀原発1号機、中央が安全審査中の同2号機。右端でわずかに姿を見せるのが、もんじゅと同じく日本原子力研究開発機構が運営し、廃炉作業中のふげん。（下）敦賀原発近くの「敦賀原子力館」では周辺のジオラマを展示。建設予定の敦賀原発3、4号機（写真右下部）もしっかり存在する。

「銀座」のいまとこれから

敦賀では原発のことを「げんでん」と呼んだりもする。

敦賀原発が日本原子力発電（原電）の施設だからだろうが、その「げんでん敦賀」からの帰り道、タクシーの運転手が言葉を漏らす。

「電気会社からは『げんでんが止まったので料金上げます』なんて通知が来る。なので、げんでん動くとホッとします。クリーンなエネルギーなら言うことないんやけど、なんでもかんでも止めなくたっていいでしょう。結局ここはげんでんしかないから」

夕方の敦賀駅に着くと、停まったバスから人が大勢降りて来た。朝は反対にバスに乗り込む人の長い列。「げんでん」で働く人専用の通勤バスだ。この町では廃炉作業のためいまも多くが原発で仕事をしている。もんじゅには毎日約四〇〇人が通う。廃炉になっても原発を受け入れた見返り「原発マネー」は自治体へ落ち続ける。

地元にも廃炉工事が新しいビジネスチャンスと捉える動きはある。また、さまざまな型の原子炉がそろう敦賀半島の〝特別〟を生かし、廃炉建屋を次世代に産業遺産として残す「廃炉半島敦賀戦略」なる提案も出された。大飯《おおい》原発（福井県おおい町）元所長の肥《ひ》田善雄《だよしお》さんはその提唱者だが、聞けば「廃炉ビジネス」はあまり広がりを見せてはいないそうだ。あくまで地元の本音は、廃炉ではない原発での「発電ビジネス」への期待なのだ。

現政権は「脱炭素」を前面に出して原発の新増設を認める方針へ舵を切った。敦賀原発では三、四号機が予定され、もんじゅの敷地内には新試験研究炉を作る計画もある。福井県も敦賀市もそれらの早期実現を熱望している。どうやら「廃炉銀座」は灯が消えたシャッター商店街ではないようだ。閉店セールを逆手に再興策さえ練る、やはり特別な「銀座」である。

（二〇二三年一二月八日掲載）

《追記》原子力規制委員会は二〇二四年七月、敦賀原発二号機について「原子炉直下に活断層がある可能性を否定できない」とし、事実上、再稼働を認めない判断を下す。説明に科学的根拠が乏しいとされた原電だが、「廃炉の可能性はない」と再審査を求める方針らしい。

悪い風はいいねが

秋田洋上風力発電汚職

正直、驚いた。これほど多いとは知らなかった。
秋田の海岸には風力発電の風車がニョキニョキ。活況は洋上にも。
そして、政策がからむエネルギー産業には利権の闇がしのび寄る。
冬、冷たく痛い風が吹く東北の街へ向かった。

大森山公園展望台（秋田市）から北を望むと秋田港から男鹿半島にかけて高さ100メートルの風車が重なり、能代方面まで続くさまに圧倒された。さらに秋田市沖も洋上風力発電の有望海域指定を目指していて、近い将来、陸から海へ風車が連なる景観が出現するかも。

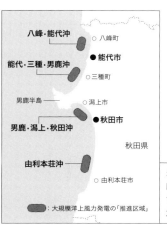

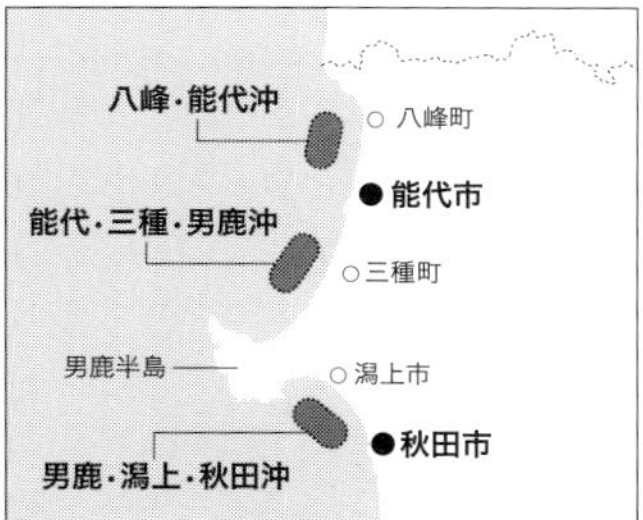

秋田県へは、JR秋田新幹線で東京から秋田まで約3時間40分。秋田空港から秋田駅までバスで約40分。能代市へは、JR奥羽本線で秋田駅から約1時間。大館能代空港からバスと鉄道で約1時間40分。

そこは思いのほか強い風が吹いていた。松林を抜けた先、日本海に面した能代《のしろ》港（秋田県能代市）の埠頭なのだが、林の中を歩っている間はほとんど感じなかった海風がいきなり体を襲う。

能代は日本海側特有の北西の強い季節風が吹きつける街、そして、その風に苦しんできた土地だ。冬になればたびたび暴風警報が出て列車は運休、家の屋根もふっ飛ぶ。過去には二度（一九四九年、一九五六年）、風にあおられた火が市街全域に広がって甚大な被害に見舞われた「能代大火」も経験している。

暴風や飛砂から街を守るために江戸時代より植林し続け、日本最大規模の松林になったのが「風の松原」である。能代市内の海岸線に沿って南北約一四キロメートル、幅は約一キロメートル。その見事な防災林を市街地側から入って奥へと進むと、なんだか「ブォーン」と低い音が聞こえ始めてきた。

「それはたぶん風力発電だびょん（だろう）」

風の松原の中を散歩している高齢女性が、異音の出所を教えてくれた。林間に漂う音は数年前に気付いたという。すでに松原の中には彼女も知らぬ間に巨大な風車がいくつも立っていて、プロペラを回していた。いま、地元の自治体は強風を有効利用するための風力発電の建設に躍起だ。「厄介な風を追い風に」（齊藤滋宣《さいとうしげのぶ》能代市長）ということらしい。

今回の旅先はそんな日本海に吹く風にまつわるダークネス。ただし、厳しい自然がもたらす災害ではなく、風が生み出す利権をめぐってのある汚職事件だ。

海にそびえる風力発電

強い風を体に浴びつつ埠頭の「はまなす展望台」に登ると、風力発電の風車が並んだ海岸線を一望できた。北を見ると白神山地をバックに能代市から八峰町《はっぽうちょう》にかけて二〇数基が建ち、南には風の松原の中の一七基を手始めに隣の三種町《みたねちょう》までたくさんの風車があるのがわかる。能代港沖へと目を移せば、二〇二二年に運転を開始したばかりの洋上風力発電の風車二〇基が点在する。もうどっちを向いても風力発電だらけなのだが、さらに南西の海域に三八基を作る計画が決まった。汚職事件の舞台はまさにこの洋上だ。

洋上風力発電は「再生エネルギー普及の切り札」とし

雄大な白神山地と共演する、能代市と八峰町の風力発電。一部の風車は海岸防災林の中に建てられていて、景観と環境の破壊だとの声も上がる。伐採を規制する「保安林」指定であっても、近年は再エネ開発のための指定解除が各地で増えている。

風力発電所が乱立している秋田県の日本海沿岸。秋田市の北、男鹿半島（男鹿市）の入り口では名物ナマハゲとともに巨大な風車が出迎えてくれた。現在、秋田県は風力発電の数と発電量で隣の青森県と日本一を争っている。

て政府が導入を推進し、エネルギー業界各社が事業参入にしのぎを削っている。そうした企業の一つ、「日本風力開発」（本社・東京都千代田区）の塚脇正幸前社長が、自社に有利になるよう秋本真利《まさとし》衆議院議員に国会質問を依頼し、多額の資金を提供していたことが明るみになった。その見返りに秋本議員が便宜を図ったとして、二〇二三年九月に同議員は受託収賄の容疑で逮捕された。

事の起こりは二〇二一年、新たに施行された再生エネルギー海域利用法に基づく洋上風力発電事業の第一回公募入札だった。対象海域は「秋田県能代市・三種町・男《お》鹿《が》市沖」「秋田県由利本荘《ゆりほんじょう》市沖」「千葉県銚子市沖」の三か所で、結果はすべてを三菱商事一社が落札。この総取りの事態を受け、

「今後の入札では、評価の仕方を見直しをしていただきたい」

と国会の予算委員会で質問し、入札のルール変更を求めたのが秋本議員である。当時、彼は「再生エネルギー普及拡大議員連盟」の事務局長を務めていて、洋上風力発電の旗振り役だった。実際にその後、入札の評価基準には先行事業者、ようは日本風力開発側が有利になる事

「バスケの街」として知られた能代だが、人口は5万人を割り込んで減少が続く。いま目指すのは「エネルギーのまち」。市内には50基の風力発電があって、県外からの視察や観光ツアーも企画している。夕暮れ、「シャッター通り」となって久しい市中心部の商店街を、巨人のごとき風車が上から覗き込んでいた。

項が加わっている。

　決まっていた入札ルールが変更されるという異常な事態。そこには業界内で「三菱ショック」と呼ぶ、三菱側が入札で提示した売電価格が関係した。従来の上限の半値以下で、赤字入札を疑う声も出たほどの衝撃だったという。入札の評価には売電価格以外にも「事業実現性」の項目があり、地域との共生や経済波及効果が重視される。日本風力開発は、能代周辺の漁業者を他県への視察旅行に招いたり、地元で花火大会を催したりと早くから立地住民との関係作りを進めていた。しかし、三菱が提示した売電価格は〝地域調整〟ではまるで太刀打ちできない〝価格破壊〟だった。

　このままでは洋上風力発電に関わる利権を失ってしまう――。危機感を抱いた企業が政治家への裏工作を謀ったのが今回の汚職の発端だが、ここでどうしても思い出してしまうダークネスが、同じエネルギー産業の原子力発電所の誘致だ。「先進地視察」と称した接待旅行に、有力政治家との癒着。かつて横行した手法が〝クリーンさ〟が売りの再生エネルギーの現場でも繰り返されていたことになる。

風車を止める逆風

「誰が落札しても変わらない。これ以上いらない」

と風力発電そのものの建設拡大に反対するのは、「能代山本洋上風力発電を考える会」を立ち上げた中根慶《けい》照《しょう》会長だ。巨大風車の設置によって壊される景観や自然環境、すでに生じている騒音や健康被害、またいまや三〇〇基超の風車が稼働する秋田県だが、ほとんどすべてを県外の企業が建設し、作った電気も広域消費される洋上風力発電に対し、地元住民にどれだけ利益があるのかと疑問を投げかける。さらに中根さんの不安は風力発電事業の将来性にもおよぶ。

「あの（売電）価格では無理じゃないの。洋上風力発電は国内技術が乏しくて外国頼みだし、本当にずっと続けられるのか」

　ここでまた思い出してしまうダークネスが、同じエネルギー産業の太陽光発電の現状だ。高額な買い取り制度で多くの事業者を呼び込み普及したものの、環境や景観の問題を生じさせ、最近は買い取り価格低下もあって各地に未稼働の太陽光発電案件が続出している。

　産業基盤がまだまだ弱い再生エネルギー事業の振興に

は少なからず政策的な後押しが必要だろう。裏を返すと、国の支援がなくなれば民間営利企業はとっとと手を引くということだ。洋上風力発電の先進地であるヨーロッパでは昨今、建設費の高騰から事業撤退する企業が相次いでいる。利権のうまみという追い風がやめば、洋上にいくら強い風が吹いても風車の羽根は回らない。中根さんは憂いている。

「いまのままなら、将来、秋田が風力発電の墓場になる可能性だってあります」

（二〇二四年六月一四日掲載）

《追記》大規模洋上風力発電の二回目の入札結果は、対象四海域でそれぞれ別の事業体が落札した。入札ルールの見直しで公募が中断していた「秋田県八峰町・能代市沖」については、ジャパン・リニューアブル・エナジーを代表企業とする合同会社八峰能代沖洋上風力が選定され、初めて大手企業ではない再エネベンチャーを中心とした事業者が参入することになった。運転開始時期が早いほど有利になるという、前回より変更された評価基準が明暗を分けた結果だった。

能代沖で稼働した洋上風力発電。秋田県内ではこれに加え、羽根の先端まで含めると300メートル以上になる超巨大風車を沿岸2キロの沖合に数百基並べる、大規模洋上風力発電事業が4か所で進む。

ただし、一回目の入札の影響からか、今回も応札企業は軒並み安い売電価格を提示していて、低価格もいとはない資金的体力がある企業でなければ洋上風力発電の競争に参加できない状況に変化はない。

環境対策を経済成長の機会ととらえる動きはもはや世界的なトレンドだ。特に風力発電は「再生エネルギー」「カーボンニュートラル（脱炭素）」の推進役として大きな期待が寄せられる。だが一方で、従来の産業構造とは異なる低成長時代において、大資本を背景としたエネルギー産業そのもののあり方が問われ、特に再生エネルギーは地域と連携した「電力の地産地消」の重要性が唱えられている。現在進行する洋上風力発電事業への逆風があるとすれば、自身業界内の足元に近いところからも吹いているかもしれない。

さらに皮肉なことに、温室効果ガスの削減という環境対策の延長線上にあるはずの風力発電が、自然環境に負荷をかけ、生物多様性を脅かしかねないという問題も生じさせている。

青森県、秋田県に次いで風力発電所が多いのが北海道。この地でも風車の建設ラッシュが続いていて、たとえば現在、稚内市から猿払《さるふつ》村、豊富町《とよとみちょう》にまたがる丘陵地へ二〇〇基近い大型陸上風車を建てる計画が進む。なだらかな土地に強風が吹きつける宗谷地方は国内屈指の風力発電の〝適地〟だそうで、複数の企業体がとっくにターゲットにして開発を始めている。

しかし、ここは絶滅危惧種で「幻の魚」と称されるイトウの生息地でもあった。サケ化の国内最大級の淡水魚で、大きなものは一メートルを超えるイトウ。この魚にとっても日本最北端の宗谷の地は生きるための数少ない〝適地〟だった。自然保護団体「イトウ保護連絡協議会」は風力発電の事業者に対し、風車建設がイトウの繁殖や生息に重大な負の影響を及ぼす恐れがあると、事業中止を求める意見書を提出した。

計画では、宗谷地方で発電した電力は全部を北海道内で消費するのではなく、新たに送電線を建設し本州にまで送られるらしい。グローバルな温暖化対策の犠牲になるローカルで身近な生きものたちの生態系。自然エネルギーが自然保護と対立する構図とは、どうにも笑えないブラックジョークである。

欺瞞の県境

蔵王県境移動事件

地元のボス的企業のために県境を変えて県土を差し出す。
犠牲になったのは弱小観光会社が未来を託した１本のリフトだった。
企業と行政が癒着の末にまかり通らせた、空前絶後の暴挙。
この現代に、県境が動くという奇怪な事象はいかにして起きたか。

県境から30mほどの場所にあった北都開発のリフト乗り場。現在すべて撤去され、「蔵王県境裁判の記憶」と書かれたプレートがあるのみ。上部に見える山形交通のリフト。佐藤要作社長は「あっちよりお客さんの評判も良かった」と語ったという（山形県上山市）

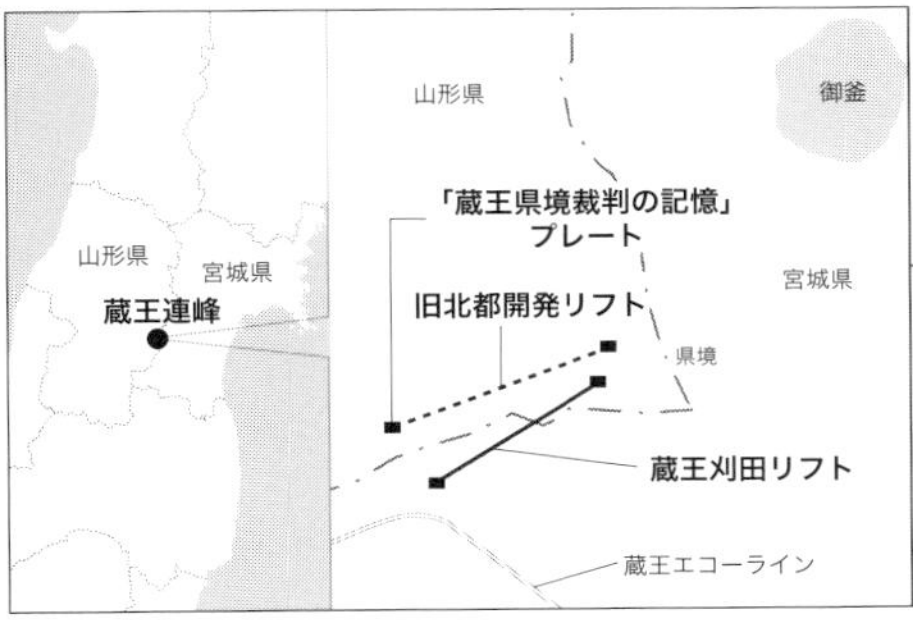

蔵王刈田リフトへは、JR奥羽本線かみのやま温泉駅から無料シャトルバス「グリーンエコー号」で約60分。東北中央自動車道山形上山ICから車で約60分。リフト乗り場に隣接する刈田峠駐車場の北側、徒歩約1分の場所に「蔵王県境裁判の記憶」プレート（北都開発のリフト跡地）がある。

そこは記憶に残るすばらしい絶景からか、平安の昔、「不忘（わすれずの）山」と呼ばれた。山形と宮城の両県にまたがる蔵王連峰である。「蔵王」という単独の山はなく、一帯の火山群の総称だが、多彩な峰々が人々を魅了する。ちょうど県境付近、水面がコバルトブルーやエメラルドグリーンに輝くカルデラ湖「御釜《おかま》」は特に人気だ。登山者以外にも軽装の行楽客が多数やって来ていて、そんな人たちに便利なのが御釜に向かって山の斜面を昇降してくれる「蔵王刈田《かった》リフト」である。

「乗る人、今日は一〇〇人ぐらい。多いときは三〇〇〇人だよ」

リフト乗り場で従業員の男性がそう教えてくれた。紅葉の季節などの観光シーズンは忙しく、もう大繁盛らしい。このリフト、蔵王連峰を横断する蔵王エコーラインの開通（一九六二年）を機に、山形市に本社を置く山形交通（現ヤマコー。以下、山交《やまこう》）が大儲けを見込んで建設したもの。ただ、かつてこの西隣にもう1本、別の会社が運営するリフトがあった。

「知らないですねえ、山形県に住んでますけど」

リフトが通っていた場所には小道が残り、なん人もが歩を進めている。しかし、登山客一〇人ほどに聞いても、リフトの存在や消えた理由をわずかでも覚えていたのはひとりだけ。それは忘れずの山で忘れられてしまった記憶。建物の残骸など見える痕跡もまるでない。たった一つ、リフト乗り場があった場所に「蔵王県境裁判の記憶」と書かれた金属プレートが唐突に据え置かれていた。

蔵王県境事件とは

山交に先んじ、御釜へのリフト建設を計画したのは同じ山形市内の小さな観光会社・北都《ほくと》開発だった。建設予定地は山形県内の国有林。北都開発は山形営林署に用地貸付けの申請、山形県には建設届けと、諸手続きを行う。だが、一向に許可が下りない。そればかりか、後発の山交が宮城県内でリフト建設を決め、こちらはすぐに申請が通り着々と工事が進んでいく。

北都開発の佐藤要作《ようさく》社長は山交のリフト認可を地元紙の山形新聞で知る。記事は「県を上げての運動が実を結んだ」とあり、北都開発のことは一言もなかった。山形新聞の服部敬雄《はっとりよしお》社長（当時）は山交などを傘下にする企業グループのトップで、経済界のみならず県政にも強い

山形交通が建設し、営業を続ける蔵王刈田リフト。宮城県側の下駅から、途中で県境をまたぎ、山形県側の上駅までを約8分で結んでいる。冬期（例年11月上旬〜4月下旬）は蔵王エコーラインが通行止めになるので、リフトも運行しない。

樹氷と並ぶ蔵王のシンボル・御釜。直径約325メートル、水深約27メートルで、気象条件によって表情を変えることから「五色沼」の別名もある。昇りリフトの終着から歩くこと数分、峻険な峰に囲まれた美しく神秘的な絶景スポットが現れた。

影響力があった。いわく「山形の天皇」。そんな支配的な存在の人物と企業に対し、同属の地方メディアはもとより国（営林当局）も県行政も癒着をし、その意を受け権益を守るための便宜を秘密裏に図っていた。

山形営林署長はすぐさま山交に北都開発の計画を知らせ、申請不受理などの妨害工作を続ける。並行して宮城県の営林当局には山交への支援と協力を要請。極めつけは県境の移動だ。宮城県内に建設するはずの山交のリフトは、実際には県境を越えて山形県内で設置工事を行なっていた。だが、現場を見た佐藤社長からの抗議に、山形営林署はそれまで認知されていた県境より西寄りの境界線を持ち出し、山交の工事は宮城県内であり正当とした。反対に北都開発の計画が県境侵犯だとも。知事ら山形県側もそれを後押しする。

佐藤社長は国を相手に訴訟を起こす。最大の争点は「県境はどこか」だ。しかし、圧倒的な力の差を背景に、行政や山交グループは被告に有利になるよう裁判で嘘やごまかしを繰り返す。北都開発はなんとかリフトの完成にこぎつけるも、山交の大型観光バスが乗り場を封鎖するように並んだり、山形県から建造物の強制撤去が命じ

かつて北都開発のリフトが通っていた場所には細い道ができていて、火山活動の異変時などには避難路としても使われる。周囲は高山植物の宝庫。「あっちでコマクサが咲いていましたよ」と行き合った登山客から声をかけられた。ちなみに、この山道がリフトがあった名残りだということについては「そんなのありましたかねー」。

られたりなど〝嫌がらせ〟は続いた。原告弁護団の一員だった外塚功《とずかいさお》弁護士は当時を振り返る。

「前代未聞の権力犯罪、甘くないなとわかってきた」

大逆転の裁判

裁判は負け続けた。山形営林署長の職権濫用罪が問われた刑事裁判は一審、二審ともに無罪で確定。国家賠償を訴えた民事裁判も山形地裁で棄却される。

風向きを変えたのは「地図屋の良心」だった。蔵王周辺の地形図は明治時代に旧陸軍が最初に作成し、裁判でも使われていたが、ここに記載の〝特殊な線〟が従前からの県境との指摘がなされる。第三者の地図専門家が提示した事実は、北都開発の主張の正しさを示し、国土地理院職員をはじめとした被告証人による境界鑑定のごまかしを露見させた。民事裁判の控訴審で仙台高裁は北都開発の訴えを認め、被告の国に対し「山形交通のリフト建設に支援協力しようとの一貫した意図の下に、『県境移動』というような手段を用いて妨害したのは違法な公権力の行使に該当する」と断罪した。

一九九五年、国の上告断念で北都開発の勝訴は確定。しかし、事件発生から三二年を費やした。その間、北都開発のリフトは数々の妨害で営業を断念。念願の観光事業に乗り出した佐藤社長の夢はとうに潰されていた。

「あまりの不正への怒り。最後は要作さん（佐藤社長）の執念だったと思う」（外塚さん）

県境移動という暴挙を引き起こした異常で異様、不条理かつ不正義な事件を経験した弁護士たちは、この裁判後に「市民オンブズマン山形県会議」を立ち上げる。これまで県議や市議の政務活動費の不適切使用など、公金支出の監視と不正追及を行なってきた。外塚さんは言う。

「県境裁判で勝っても、結局、権力癒着の構造は本質的に変わってない。延々と現在もそれは後を絶たない」

（二〇二四年一〇月一一日掲載）

《追記》 山交のリフト完成（一九六三年）から一年遅れで営業を開始した北都開発のリフトは三年で閉鎖に追い込まれた。放置されたままの建物には「県境裁判を忘れるな」の落書があった。二〇一五年、山形地裁の強制執行により建造物すべてが解体撤去される。佐藤要作社長はすでに他界し、それを見届けることはなかった。

Ⅲ　戦争の記憶

「片翼のエンジェル」より

戦争を刻んだ松

「松根《しょうこん》油《ゆ》」緊急増産

松の木から抽出する燃料で旧日本軍は戦闘機を飛ばそうとした。
実用化には遠く、戦時の愚行を示すような窮余の一策。
いまも樹皮に残る生々しい傷痕はあまりに切ない語り部だ。
日本の景観になじみ深い、松にまつわるダークツーリズム。

高幡不動尊（東京都日野市）の愛宕山で見つかる、左右から斜めの傷が入ったクロマツ。幹の表面にナタやノコギリで傷を付け、にじみ出る松ヤニを下で受けた。戦備燃料としての松ヤニ集めはおもに女性や子どもが動員され、根元付近の低い場所に採取痕が多い。

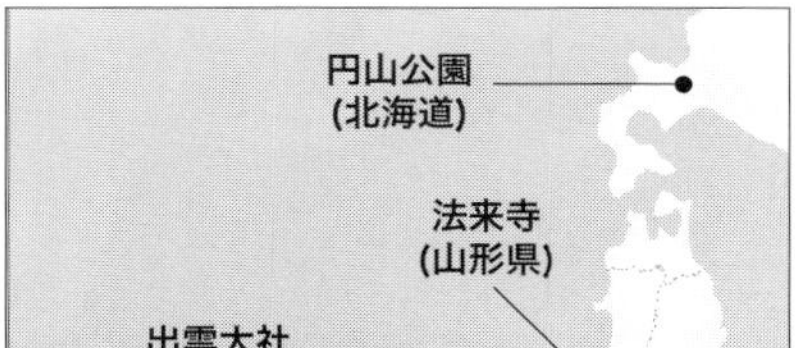

高幡不動尊金剛寺へは、京王線および多摩都市モノレール高幡不動駅から徒歩約5分。愛宕山には境内より「山内八十八ケ所巡拝路」を進む。クロマツ群は南東側。
法来寺へは、JR奥羽本線山形駅からバスで約20分。「法来寺前」下車。山形自動車道山形蔵王ICから車で約5分。
IHIそらの未来館へは、JR青梅線昭島駅から徒歩約4分。通常は非公開。

そこには戦争の記憶を刻んだ木がある。高幡《たかはた》不動尊《ふどうそん》金剛寺《こんごうじ》（東京都日野市）の裏手、愛宕山《あたごさん》には四国遍路になぞらえた巡拝路があり、点在する弘法大師像を訪ね手を合わす来訪者も少なくないのだが、かたわらの松に目を向ける人はいない。声をかけ、近付いてもらった。

「へぇー、松ヤニで戦闘機ですか。キツツキの跡かと思った。ぜんぜん知らなかった」

凝視する先には樹皮がはがされ、幹をむき出しにするクロマツ。えぐられたような穴が開き、木肌にはいくつもの切り込みが入っている。太平洋戦争末期の松ヤニを採取した痕だ。戦闘機の燃料にする目的でそれは採られた。日本軍は不足する石油の代わりに松の油を使ってまでして、なお戦争を続けようとしていた。木は枯れることなくいまも生きている。だが、八〇年近い歳月を経ても抱えた傷は消えることなく、痛々しい姿のまま、敗戦間際の日本の断面を伝えていた。

「松根油こそ神風」

同じような戦争の傷痕を持った松は全国各地にある。知るところでも札幌の円山公園（北海道）、金沢の兼六園（石川県）、出雲大社前の神門《しんもん》通り（島根県）、虹の松原（佐賀県）など広範囲に渡り、ほかに学校の校庭や寺社、山林にだって探すとあまた見つかる。なにしろ国じゅうの身近な松から手当たり次第に航空燃料を集めていた。植民地支配下にあった朝鮮半島でも同様の傷ついた松は確認されている。

長引く戦争はこの国の物資を逼迫させていた。こと九割以上を輸入に依存する石油。開戦に踏み切った一因には米国などの対日石油禁輸があり、それゆえ油田を求め出兵した東南アジアだったが、戦況の悪化で原油の輸送が困難になる。いよいよ燃料枯渇で戦闘機を飛ばすことも危ぶまれる中、もたらされたのが「ドイツ空軍は松の木から航空燃料を生産している」との情報だった。

一九四四年、石油以外の新たな燃料を戦備するために「松根油緊急増産運動」が計画される。「松根油」とは字のごとく松の根っこから得る油。国内の一部で古くから製造され、灯火や塗料に使われていたが、軍は〝二〇〇本の松で飛行機が一時間飛ぶ〟〝埋もれた戦力・松根掘出せ〟などと喧伝し、挙国体制で松の油集めに多くの市民を動員した。

愛宕山には東斜面から山頂にかけて十数株の古いクロマツが生えていて、現存するほとんどに〝戦争の傷痕〟は刻まれている。「ほかにまだあるの？」と訪れた人が興味を持った様子。いつもの散策にはつかの間、ダークツーリズムが加わった。

IHIそらの未来館（東京都昭島市）には、日本で初めて製造されたジェットエンジン「ネ20」の実物展示がある。本格的な開発期間は約半年。松根油混合燃料と「ネ20」を搭載した戦闘機「橘花」の初飛行は広島への原爆投下の翌日だった。

樹脂由来の燃料は松ヤニ以上に根からの方が大量に製造できた。さらに老木ほど収率がよく、日本のいたる場所で松の大木は倒され、切り株がまさに根こそぎ掘り起こされていく。ついには各地の樹齢百年を超える名木やご神木、歴史ある松並木も伐採の憂き目に。松ヤニの採取痕はかろうじて戦争の過去を知らせてくれるが、消えてしまった多くの木々はもう悲劇を語るすべがない。

戦争の道具、変じて

集めた松ヤニや松根は戦闘機燃料にするため精製しなければならなかった。大釜内で空気を遮断し加熱分解する「乾溜《かんりゅう》」の方法が各地で行われ、山形市の法来寺《ほうらいじ》近くにもその作業小屋があった。周辺住民が切った松を運び込み、寺の本堂には勤労奉仕の海軍飛行予科練習生も寝泊まりしていたという。

敗戦になるとすぐに松根油の製造は中止になる。使った乾溜釜はそのまま捨てられていたそうだ。その一つを近所の人が法来寺に持ち込む。梵鐘にするためである。寺にあった梵鐘は戦時の金属供出で持ち去られ、突くものがなかったのだ。戦闘機の代用燃料を作った道具は、

法来寺（山形県山形市）で突かれている現役の梵鐘は、元は松根油の乾溜に使われていた釜だ。近隣住民から「ちょっと変わった音だね」と言われたりするが、多くはこの由来を知らないそうだ。敗戦2年後に寺に戻った〝鐘〟。その響きは以来ずっと地元に平穏とやすらぎを届けている。

今度は寺の梵鐘の代用品に転じ、来歴を知る当時の住職の平澤光順《こうじゅん》さんは願いを込め「平和の鐘」と名付けた。

「初めはジャンと、鍋をたたいているような短い音だけであまり響かなかったそうです」

と現住職の平澤宗康《しゅうこう》さんは話す。いまも鐘楼に釣られている鉄製の羽釜。一風変わった形の「平和の鐘」を突くとパラッと少しだけ鉄さびが落ちた。戦後の寺で松根油乾溜釜を梵鐘に活用した話は他所でも聞くけれど、使い続けられる姿は貴重で、不思議な風格さえ感じる。

「突くほどにだんだんいい音色になって、なんとも言えない余韻が出てきました。雪の中に響く除夜の鐘は、じわーとしみます。平和で鐘が突けることは幸せだなぁと思います」（平澤宗康さん）

話を戦時に戻す。航空燃料として松根油はどれだけ利用され、有効だったのか。残る記録に実戦で使われた例は見当たらず、実際には試験飛行のみで、飛行時間も十数分止まりだったようである。

そもそもなん十年もかけ育った松を膨大に切って得る燃料なんて、効率も労力も間尺に合わない。考えるほどに戦争が仕向けた行為の愚かさばかりが目に付く。

ただ特筆すべきは、初の純国産ジェット戦闘機「橘《きっ》花《か》」の試験飛行に使われたことだ。搭載するのは戦争末期に開発が間に合ったジェットエンジン「ネ20」。最先端技術を結集した機体とエンジンは、悲しいかなガソリンに松根油を混ぜた燃料でしか飛行を許されなかったわけだが、他方、高性能のジェットエンジンは従来型より燃料の種類を選ばなかったので、つまりは松根油でも飛ばすことが可能なエンジンとして開発を急ぐ必要があったのかもしれない。

同時にこれ、いま注目の二酸化炭素排出量が少ないバイオ燃料を使った、世界にさきがけてのジェット機飛行でもあった。松根油は次世代の扉をひそかにノックしていたのである。

（二〇二一年一二月三日掲載）

《追記》人吉《ひとよし》海軍航空基地資料館「ひみつ基地ミュージアム」（熊本県錦町《にしきまち》）には、松根油を製造していた乾溜作業所の跡が展示されている。かつて特攻隊の訓練にも使われた旧海軍航空隊内にあって、実際に隊員らが松根油作りに従事した場所を発掘、整備保存したもの。

山を削って作る「絆」

岩国・愛宕山《あたごやま》開発

標高約120メートルとさほど高くなかったが、絶景が拝めた。
初詣や花見、神社例祭の日に行なわれる奉納相撲。
大事な鎮守の森で、周辺住民の絆に欠かせない地元の山が、
ある日を境に米軍施設へと姿を変えてしまったら……

岩国の町の中心部にある愛宕山。現在の愛宕神社の境内に立つと市街地が広く見渡せ、米軍岩国基地も遠くに望める。山を削った後、神社は元あった場所のちょうど真下の位置に移された。「山の上にあったときは広くて、祭りも壮大でね」と宮司の鍵山和彦さん。

愛宕神社（岩国市）へは、JR 山陽本線南岩国駅から徒歩約25分。JR 岩国駅前からバスで約15分の「岩国医療センター」下車すぐ。岩国錦帯橋空港から車で約10分。

そこを「ヒルズ」なんて名を使い言う人などいなかった。ほんの数年前まではただ「愛宕山」と呼び、地域の人が四季折々に訪れ自然に親しむ里山だった。山頂には由緒ある神社も置かれていた。

そんな〝山〟が〝丘（ヒルズ）〟に変ずるのは、上部を六〇メートル削って平らな土地に造成したからである。でもここは山口県の岩国市。わざわざ横文字で呼ばなくたっていい。山の上にあった愛宕神社は二〇〇九年にその造成地へと移築された。立地が下がっても境内からの眺めはなかなかだった。そして、ほかでもない、山を削った理由と横文字で呼ばれるわけは、愛宕神社の鳥居越しに見える景観の中にある。

米軍のための場所に

愛宕神社の眼下、およそ三キロメートル先には米海兵隊岩国航空基地（以下、岩国基地）が横たわる。目線が低くなった分だけ全貌が見えないが、約二・五キロメートルの滑走路を有する軍事施設が海に迫り出している。

「削った山の土が全部あそこに行ったんです」

話すのは愛宕神社の氏子大総代を務める岡村寛さんだ。愛宕山開発は、岩国基地の滑走路を沖合移設するに当たり、埋め立て用土砂を確保するために始まった。県と市が主導して一九九八年に着工。住宅地や石油コンビナートなどと隣り合う岩国基地だが、周辺では米軍機がごう音を響かせ離着陸を繰り返し、航空機の墜落に落下物事故も絶えなかった。基地滑走路の移設は危険回避と騒音低減を求める市民の声を受けてのものだった。

「地域の未来に初めは協力しました。変わったのは米軍住宅ができるってなって」（岡村さん）

計画では山の掘削で生じる約一〇〇ヘクタールの開発地に、一五〇〇戸の住宅など整備するはずだった。地権者は生活の安全と夢のニュータウンのために土地の買収に応じたが、土砂の搬出を終えた二〇〇七年ごろ事態は急変する。地価下落などを理由に県と市は巨大損失が見込まれる住宅団地の建設を中止し、開発地の四分の三を国に売却。新たに国はそこに米軍のための住宅、つまりは日本人が立ち入れない彼らの居住施設「アタゴヒルズ」を造るに至る。

この計画の曲折を、愛宕山の麓に育ち、基地負担の軽減を訴えてきた前岩国市議の田村順玄《じゅんげん》さんは「だまし

米軍人と家族のための住宅地「Atago Hills（アタゴヒルズ）」。進入を制限するゲートの先には愛宕山を切り拓いた高台があり、262戸の住宅にスーパーマーケット、専用野球場なども整備されているらしいが、外からはまるで見ることができない。

愛宕神社の境内裏から北西方向を仰ぐと、わずかだがアタゴヒルズの住宅の一部が見えた。1戸当たりの建設費は7000万～8000万円だったと言われている。背後には標高約200メートルの横山と、その山頂に復元した「岩国城」の天守も見えた。

討ち」と憤る。米軍住宅への転用はあからさまに在日米軍再編の動きと重なっていた。当時、岩国基地には厚木基地（神奈川県）からの空母艦載機部隊の移転が決まり、ともなう米軍の施設整備に愛宕山開発は都合よくすり替わった。沖合移設で拡張された岩国基地では着々と機能が強化され、続く米軍住宅の建設。この間、岩国基地の戦力は極東最大級へと膨らんだ。

ブラックボックスと共存

二〇二一年三月、愛宕神社前に大型遊具を備える「ふくろう公園」がオープンした。隣には大きな病院も完成。残っていた四分の一の開発地は新たな「まちづくりエリア」として整備され、二〇一七年に完成した二六二戸の米軍住宅、さらに米軍管理下の運動施設と合わせ、愛宕地区の一連の開発事業は二三年を費やし完了となった。

防衛省予算を使う米軍施設はもちろん、事業費の大半は国からの莫大な交付金・補助金で賄われた。いま岩国には米軍を受け入れる見返りで得た基地マネーによってさまざまな施設が建ち、小中学校の給食無償化も始まった。「基地との共存」を掲げて二〇二〇年に四選を果た

（上）いわゆる「思いやり予算」で日本が整備し、米軍に提供された野球場「絆スタジアム」。その前には2022年1月、臨時のPCR検査会場が置かれた。新型コロナ感染がこの年初に急拡大した岩国市。真っ先に米軍基地からの影響が指摘された。（下）愛宕地区に住む田村順玄さんが発行する「おはよう愛宕山」。米軍基地の動向などを掲載する手書きミニコミ紙は創刊から27年、650号を超えた（2022年時点で）。

した福田良彦市長は、愛宕地区に新施設が生まれるたびに「日米交流の拠点」「絆を深める」などの言葉を使う。六〇億円をかけた日米共用の野球場の愛称は「絆スタジアム」になった。

その絆スタジアムの前に二〇二二年一月、新型コロナウイルスの臨時PCR検査会場が設置された。岩国市では前年末にまず米軍基地でウイルス感染者が急増し、その後に市内での感染拡大へと転じていた。

「(感染拡大の)原因は米軍だと思っています。でも、基地内がどうなっているか明かさない。すべてブラックボックス」(田村さん)

市内居住の米軍関係者は一万人超とされるが、米本土から未検査、未検疫で基地に入る人数について米軍は情報を開示しない。基地の外で暮らす人がどれだけいるか、その感染の有無だって不明。田村さんが住む愛宕神社周辺も米軍関係者と見られる家は多数あるという。だが、日常的な「日米交流」も「絆」もそこにはなく、あるとすればブラックボックスとの不安な「共存」だ。

田村さんは岡村さんらと二〇〇八年に「愛宕山を守る会」を結成。愛宕神社前で月三回の集会を開き、愛宕山が米軍基地化することに反対の声を上げる。政府の補助金凍結という「経済制裁」によって、市長が基地容認派に代わった年だった。集会が続くことを田村さんは、

「愛宕山に住んでいること、日常の生業がモチベーションです」

と話す。「守る会」の集会が開かれたこの日、愛宕神社内の牛岩《うしいわ》神社で例祭があった。宮司の祝詞に混じり境内下から聞こえる故郷の山を憂う声。「守る会」の世話人でもある岡村さんは忙しそうに参道の階段を降りて集会へと向かう。

そんな神社横の住宅地をYナンバー(在日米軍関係者の私有車両)が通るのが見えた。近隣に住むのだろう運転席の外国人は、なぜかこちらへ会釈し、彼もまた忙しそうにスピードを上げ坂道を下った。

(二〇二二年四月八日掲載)

《追記》二〇二四年一月の岩国市長選で、現職の福田良彦氏が五選を果たした。「基地との共存」を掲げ、米軍基地関連の交付金や補助金を活用した子育て支援などの実績を強調。投票率は過去最低だったそうだ。

玉砕の花

新宿御苑から「桜花《おうか》」へ

日本を代表する風景に桜の花を思い浮かべる人は多いだろう。
咲いては散る桜の妖艶さは、この国の人に特別な感情を抱かせる。
特攻機へ印し、玉砕の暗号に使われ、死者の上で散らす花。
美しいがゆえの、人の心に映し出された不条理なサクラたちへ。

春になると1000本以上の桜が咲き誇る新宿御苑（東京都新宿区）。1952年に始まった苑内での「桜を見る会」は、例年4月の八重桜が見ごろの時期に開催されていた。皇族や各国の駐日大使ほか、省庁などから推薦を受けた人たちを招待。2019年を最後に中止が続く。

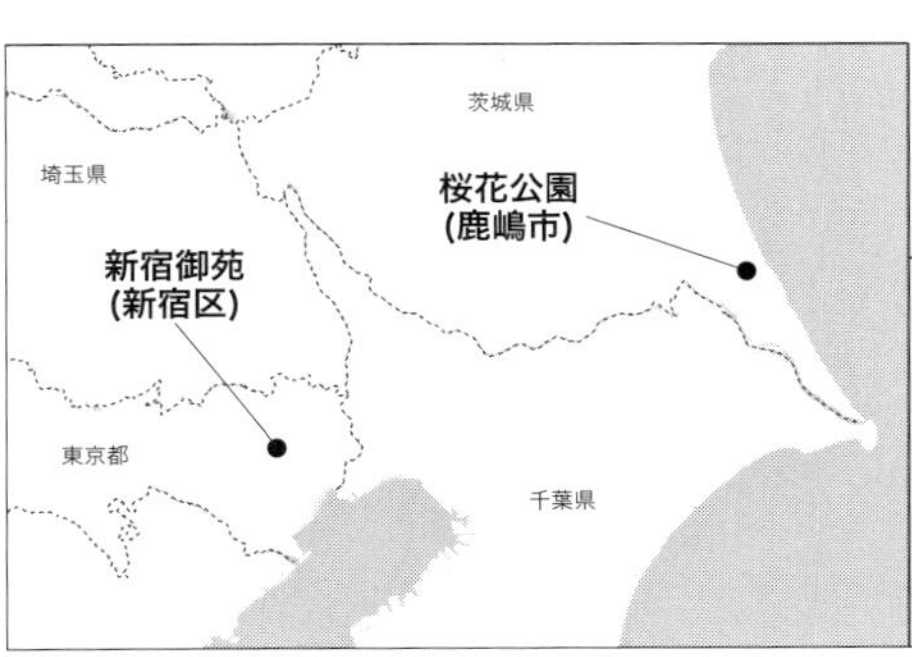

新宿御苑へは、JR・京王・小田急線新宿駅から徒歩約10分、地下鉄新宿御苑前駅から徒歩約5分、地下鉄新宿三丁目駅から徒歩約5分。
桜花公園へは、ジェイアールバス関東および関東鉄道のバスで「鹿島製鉄所」下車、徒歩約3分。
『國之楯』は、京都霊山護国神社蔵（日南町美術館寄託）。常設展示はされていない。

そこには「屍体《したい》が埋まっている!」。作家、梶井基次郎は短編小説『桜の樹の下には』でそう書いた。桜が放つ「人の心を撲《う》たずにはおかない、不思議な、生き生きとした、美しさ」を、梶井はどこか信じられないものと感じ、不安にさいなまれ、あろうことかその美が醜い屍体の代償ではないかと妄想する。見事に咲く桜の花の内側に見つけたのは、対極にある死の惨劇だった。

爛漫の桜の下には人が集っていた。この三年前、二〇一九年までは毎年春の季節にときの権力者が多くの人を招き花見を催した新宿御苑（東京都新宿区）。「桜を見る会」の招待客たちは花の美しさになにを感じ、花の向こう側になにが見えたのか。安倍政権下で「桜を見る会」が問題視されたのは、主催する内閣総理大臣が桜に美しさだけではないものを乗せ、見せようとしたからである。彼にとって桜の樹の下には、きっと選挙の票や誇示する権力が埋まっていたのだろう。

新宿御苑の桜はあのとき同じように咲いているはずだ。回りくどかったが、言いたかったのは見る者がこの桜を等しく見ているとは限らないということ。桜の美には多くの人が引き寄せられ、心を揺さぶられる。そして、花がなにも語らず文句を言わないのをいいことに、人はときどきの都合で勝手な考えを桜に投影する。想いを託す。ただ眺めるだけでは終わらない、この国でいたく美しく咲く、桜という花が背負った宿命。

死に向かわせる桜

桜花《おうか》公園（茨城県鹿嶋《かしま》市）の桜は散り始めていた。風に吹かれてハラハラ舞い落ちる花びら。人によっては桜は散りぎわがもっとも美しいと言う。数本のさほど大きくない桜の木があるだけの公園だが、まさにここでの主人公は散る桜花だった。

落ちた花びらの上を歩いて進んだ奥には、機首にピンク色の桜の花を描いた小型飛行機が置かれていた。掩体《えんたい》壕《ごう》（空襲から航空機などを守る格納施設）の暗がりの中にひっそりとあるそれは、「桜花」の名で太平洋戦争末期に開発された特別攻撃機である。桜の花の裏側あたりに大型爆弾を埋め込み、母機につり下げられた状態で目標に近づき分離した後、操縦者もろとも敵艦に体当たりする自爆機。生還を前提としないから着陸装置も備えず、飛べば必死の〝人間爆弾〟だった。

桜花公園内にある特攻機「桜花」の実物大レプリカ。約6メートルの1人乗り。簡素な構造で主翼は木製だった。桜花は母機に抱えられ敵艦へと接近し、切り離された後はほぼ滑空飛行で標的を目指したが、多くが母機もろとも撃墜されたという。

桜花での特攻訓練を行なった海軍神之池航空基地は、戦後、鹿島臨海工業地帯の一部に。現在、桜花公園は日本製鉄住友鹿島製鉄所の構内にあり、桜花碑建立とともに、掩体壕の中へ桜花の機体を設置。地元有志の「桜花奉賛会」が追悼活動など続ける。

しかし、桜花での特攻は、指揮官ですら成功確率の乏しい作戦と考えていたと伝わる。初出撃（一九四五年三月）は一五機が全滅。短期間に量産され七〇機以上が出撃したというが、ほとんどが目標に近付くはるか手前で母機とともに捕捉され、大きな戦果もあげられずに撃墜された。桜花公園を含む周辺一帯は戦時下に海軍神之池《ごうのいけ》航空基地だった場所で、当時は秘密裏に桜花の操縦訓練が行われていた。桜を描いた特攻機に乗るためにいく人もの若者が集められ、旅立った地でもあった。

機体に添えた一輪の桜は死に向かわせるための花だった。軍国主義下の日本においては、往々にして桜は特攻隊員の姿に重ねられた。桜の花が散るがごとく、国のために命を捧げ死んでいく。散り落ちる桜の「美」はどこか「崇高」なものへと転化され、気づかぬうちに戦死を美化する効果を持った。

そして、そこでは満開に咲き誇る桜の強い生命力ではなく、はかなく散る桜が見せし無常の美こそが必要だった。たとえ無謀な作戦の末の徒死だって、美しき〝散《さん》華《げ》〟（仏教用語の「花を散らす」から転じて、旧日本軍などは「戦死」の意で使用した）となった。

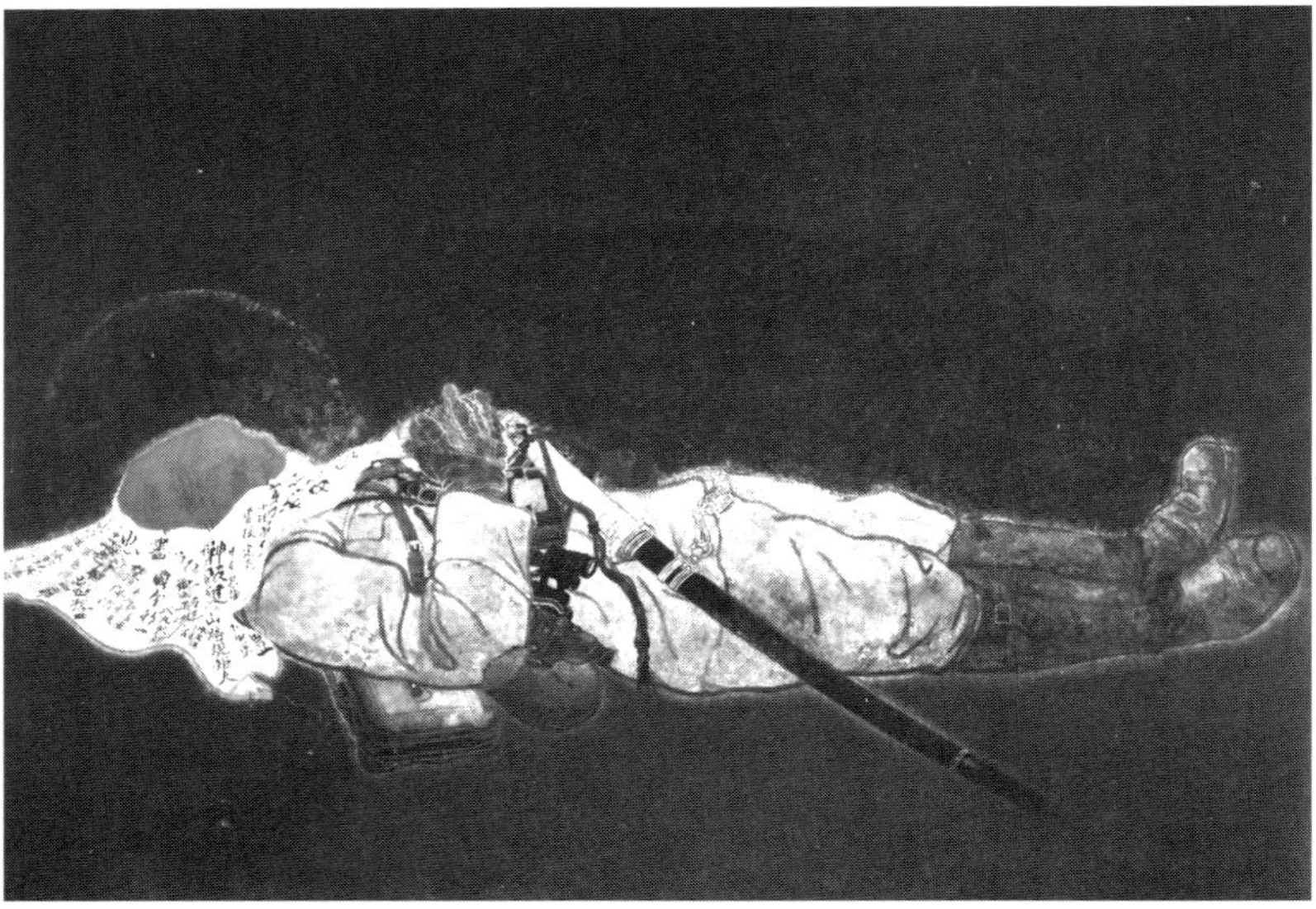

（上）高層ビル群に囲まれた新宿御苑だが、寒桜に始まり、河津桜やソメイヨシノなど約65種の花が楽しめる都内有数の桜の名所。（下）『國之楯』（京都霊山護国神社蔵・日南町美術館寄託）。戦前に欧州を周遊し西洋美術に触れた小早川秋聲（1885~1974年）は、戦争が始まると従軍画家として戦地に赴く。同作品は完成後に秘匿となり、桜を塗りつぶした後、1968年に公開された。

塗りつぶされた桜

太平洋戦争の激戦地となった南洋パラオのペリリュー島。中川州男《くにお》大佐率いる日本軍守備隊は、序戦である米軍の第一波上陸を撃退し、咲いた戦果を「ウメ ウメ ウメ」と司令部に向け打電したという。そこから二か月後の一九四四年一一月二四日、圧倒的な戦力差の中で凄惨な攻防戦を続けたペリリュー島守備隊は、ついに最後の電文を送信するに至る。「サクラ サクラ サクラ」。中川らがかねてから打ち合わせていた、「玉砕」を意味する暗号文だった。

戦死者は日本軍一万人以上、米軍一六八四人。米軍側が数日以内で終わるとしていた戦闘は、予想外に長く熾烈な持久戦となった。ペリリュー島ではそれまで賞賛されてきた玉砕覚悟の総攻撃「バンザイ突撃」を大本営は禁じ、将兵たちに徹底抗戦を命じていた。現地で指揮した中川は「サクラ」の打電とともに自決。その最後の電報は、桜のように散ることを禁じられた部下たちへ送った、悲しきはなむけの言葉にも映る。

画家、小早川秋聲《こばやかわしゅうせい》の『國之楯《くにのたて》』（一九四四年制作、一九六九年改作）は、制作を依頼した陸軍省から受け取りを拒否された。理由は明らかではないが、桜の美しさが関係したのかもしれない。暗闇に横たわる軍人、顔に被せられた日章旗。当初はこの死を想起させる人物の上に桜の花が降り積もるように描かれていたらしく、受け取り拒否後、その部分を作者自身が黒く塗りつぶし、現在の形に改作した。

軍服と日の丸、そして桜。そもそも『軍神』の名で現《あら》人神《ひとがみ》・天皇に供するため旧日本軍が描かせた戦争画は、桜が消えたことによって闇に異様な迫力で軍将校が浮かび上がる。はたして描き出されているのは悼むべき英霊か、静かな反戦の意志か。いまも多様な解釈がなされるこの作品、屍体の絵の下には桜が埋まっている。

（二〇二二年八月一九日掲載）

《追記》茨城県護国神社（水戸市）の境内には「ペリリュー島守備部隊鎮魂碑」がある。梅林で知られる偕楽園に隣接するが、同神社は県内でも有名な桜の名所。戦争に結び付けられた桜を訪ねる〝ダークピンクツーリズ〟は全国各地で可能な旅かもしれない。

片翼のエンジェル

根岸外国人墓地と「ボーイズタウン」

敗戦後、進駐した米兵と日本人女性の間に誕生した多くの命。
自分はどうして生まれ、なぜ差別されるのか。
「GI ベビー」と呼ばれる子どもたちが背負わされた運命を、
この国の戦後は暗闇に埋めたまま、消し去ろうとしている。

根岸外国人墓地（横浜市中区）で毎年11月に行なわれている「墓前祭」。外国人に加え、地域の人たちも参加する追悼行事だが、献花の列が延びるドイツ軍艦爆発事故の墓碑前とは対照的に、「片翼の天使」像が乗る慰霊碑（中央）は静かに無言でたたずんでいた。

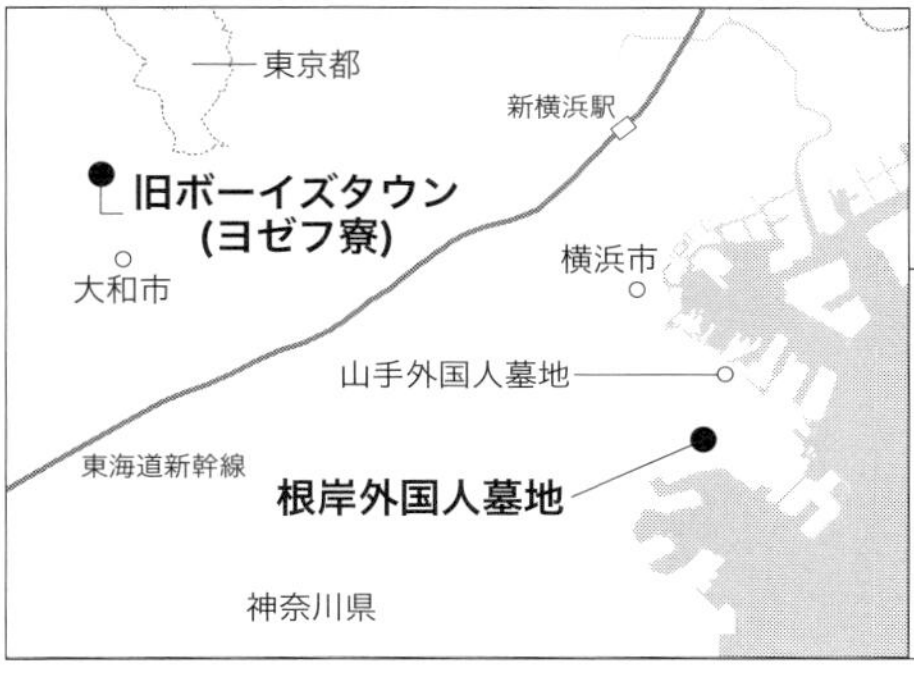

根岸外国人墓地へは、JR根岸線山手駅から徒歩約5分。
「ボーイズタウン」へは、小田急江ノ島線南林間駅から徒歩約20分。大和市立南林間小・中学校を含む周辺がかつてボーイズタウンだった場所。現在は建物の一部が残され卒業生のための施設「ヨゼフ寮」がある。

そこは日本に居留などしていた外国人のための墓地である。第二次世界大戦中に横浜港で起きたドイツ軍艦爆発事故（一九四二年）の犠牲者の墓標もあって、悲劇から八〇年に当たる二〇二二年一一月には、ドイツ人などの外国人と日本人を合わせ一〇〇人ほどが献花の列を作っていた。平和を当たり前と感じるようになったこの国で、ドイツ人海軍武官が挨拶に立つ。

「現在のこの平和は、価値観を共有する人々が努力し続けたからです」

参列者のすぐ後ろにはもう一つ別の、第二次世界大戦に関連する慰霊碑が建っていた。しかしながら、「価値観を共有する人々」は等しく背を向けたまま、誰ひとり見向きもしない。

「隠そうとするのは少し変だなぁと思います。やだなぁと感じます」

地元の大学生で、観光文化学を学んでいるという彼だけがこの慰霊碑を振り返る。上に乗っているのは一見なんの形かわからない、いささかいびつな形のブロンズ像だった。聞けば「片翼の天使」の通称を持つそうだ。不恰好にも映るその姿は、戦後の占領下で進駐米兵と日本人女性との間に生まれ、世を去った「ＧＩベビー」を投影したものとされる。大学の授業の一環でここ「根岸外国人墓地」（神奈川県横浜市）のことを調べ、慰霊碑の来歴を知った彼は、在ドイツ大使館が主催し地域住民も参加する盛大なセレモニーと対比しながら、人々に顧みられない〝天使〟たちの景色を見つめていた。

丘の上のエンジェル

観光地として有名な山手《やまて》外国人墓地と違い、草茂る斜面にひっそりとたたずむ根岸外国人墓地は横浜でも知る人は少ない。約一二〇〇人が葬られているという。だが、確認できる墓標は現在一六〇基程度で、姓名不詳の埋葬者が圧倒的に多い。

「いまはないけど、割り箸で作ったような小さな十字架がなん本も立っていた。その数は八〇〇とも一〇〇〇とも。みんなシングルマザーの子、死んでいったＧＩベビーです。ここの墓守《はかもり》さんがリヤカーで運んで内緒で埋めたと聞いている」

地元で活動する横浜山手ライオンズクラブの鈴木信晴さんがそう話し、墓地の奥へと歩を進めた。

根岸外国人墓地には長く放置され、訪れる人も途絶えてしまった墓が少なくない。かつては白い木の棒で作った小さな十字架が並んでいたとされる場所。人知れず埋葬された孤児たちが、いまも横浜の町を見下ろすように眠っている。

根岸外国人墓地の墓碑に刻まれた生年没年を見ると戦後すぐの子どものものも多い。40年ほど前まで荒れ放題だったという同墓地。隣接する中学校の教師と生徒が清掃活動や歴史研究を始めたのをきっかけに、過去を次代に語り継ぐ活動が続く。

敗戦後に進駐軍が入って来て、中心部を接収された横浜。あるときから山手外国人墓地には乳幼児の遺体がこっそり置かれ、日ごとに増えていったのだという。敵だった米兵との間に子どもをもうけた〝未婚の母〟、産み落とされた〝混血児〟にとって、敗戦直後の日本社会は生きるのにたやすくはなかった。周囲から厳しい差別を受け、どこからの助けもなく、死産や生後間もない子どもの死は珍しくなかった。当時の墓地管理人の話によれば、そうしたGIベビーであろう身元不明の遺体は山手外国人墓地から根岸外国人墓地へと移され、人知れず埋葬されたのだそうだ。

そうした戦後横浜の裏面史は、墓地と隣接する仲尾台《なかおだい》中学校の元社会科教師で、横浜市の公的な歴史資料編纂にも関わった田村泰治《やすじ》さんが調査し、近所の人の目撃証言なども得て掘り起こされる。このことをきっかけに鈴木さんたち横浜山手ライオンズクラブなどが、亡くなったGIベビーたちのために慰霊碑を作ることを計画。しかし、外国人墓地を管理している横浜市は慰霊碑の設置に難色を示す。

「『調べてもそんな事実はなかった、公的資料もない、

多くの〝混血孤児〟を保護した児童養護施設「ファチマの聖母少年の町」（通称「ボーイズタウン」）。その跡地には、かつての建物の一部を使い卒業生のための施設「ヨゼフ寮」が残された。卒業生にとっては故郷のような場所だ。現在も管理に携わる元職員の石川琢馬さん（右）を、この日、青木ロバァトさんが訪ねた。

正確なことがわからないものは認められない』が市の言い分」（鈴木さん）

結局「墓地に眠る人すべての慰霊碑」とすることで一九九九年に碑の設置は許されたのだが、市当局はなぜか横浜山手ライオンズクラブが寄贈していた、墓地の入り口にある案内板の記述も勝手に変更していた。当初書かれていたものは、

「外国の軍人と日本人女性の間に生まれた多くの子どもが埋められた」

だったが、その部分が、

「第二次大戦後に埋葬された嬰児《えいじ》など、埋葬者名が不明なものも多い」

と、まったくGIベビーの存在を伝えない曖昧な表現へと書き換えられていたのである。

鈴木さんたちの発案で、慰霊碑の建立に合わせて墓地に眠る子どもたちの鎮魂歌『丘の上のエンジェル』（作曲エディ幡・作詞山崎洋子）も作られていた。

♪聞いてよ／わたしの物語／この世に生まれた／生きて出会った／希望と孤独の／想い出を
だが、落成した慰霊碑の前で歌うことは直前になって市当局から止められる。〝天使〟たちの物語は次々とかき消されていった。

日本を生きたGIベビー

「恨んでます。弔い合戦です」

と青木ロバァトさんは静かに叫んだ。一九四八年生まれ。日本人の母と横浜に駐留していた米兵の父を持つ彼は、戦後を生き、いまを生き、ずっと日本人と闘っているのだと言う。

「こっちは鬼畜米英だよ、カタキだよ。差別、偏見、いじめばっかり喰らって、僕らはやられっぱなし。悔しいじゃないですか」

彼が育ったのは神奈川県大和《やまと》市にあった「ボーイズタウン」と呼ばれる戦争孤児の養護施設だった。アメリカ本土に家族を持つ父は、ロバァトさんが七歳のときに単身で帰国。残され生活苦に喘ぐ母は、ロバァトさんと妹を児童養護施設に預けて、戻らなかった。

ボーイズタウンには同じようなGIベビーの少年ばかりがいた。口を突く強い言葉の間で、ロバァトさんが声を詰まらせ話し始めたのが、ともに生きた仲間たちへの

想いだった。

「親もいない、誕生日も知らない。みんななんのために生まれて、なんのために死んじゃったの。こんなんじゃ報われないよ」

ロバァトさんは自分自身を「日本人じゃない」と言い切る。ボーイズタウンの外に出て出会うこの国とこの国の人たちは、彼にとっては昔もいまもまるで変わっちゃいなかった。

「外見だけで見下してくるんです、日本人は。変な外人で上等。日本人と思われたくない。ここで生まれたハーフの子たちを知ってるの？って国の上の人に聞いてみたいよ、生きているうちに叫びたいよ。あと一〇年したら誰もいなくなる。仲間の弔い合戦ですよ」

戦後を生きた〝天使〟は、日本がかき消す自分たち物語を前に声を絞り出してそう繰り返した。

（二〇二三年三月一〇日掲載）


《追記》「ボーイズタウン」とはあくまで通称であって、正式な名前は「ファチマの聖母少年の町」だ。母体となったのは、戦後、横浜市内で置き去りにされた生後間

ロバァトさんが大切に持ち続ける古い写真。ボーイズタウンの仲間との写真 とともに、彼が思い出深いと語る一枚には妹と母が（手前左）、さらに父が（手前右）、ロバァト少年と並んで写っていた。

もない〝混血孤児〟たちを保護・収容していた「聖母愛児園」である。

同園は敗戦の翌年には運営を始め、キリスト教会のシスターらを中心に子どもたちの世話をしていた。しかし、日を年を追うごとに子どもたちの数は増えていき、多くの人数が収容できる園用地の確保が必要になってきていた。加えて乳幼児が成長するにともない、彼らの就学の問題も出始める。

そうした状況下、聖母愛児園の分園として、男子児童のために作られたのが「ボーイズタウン」だった。開設は一九五五年。一九七一年に閉鎖されるまでの一六年の間に、六歳から一五歳の、多いときには六〇人ほどの男子が共同生活を送っていたという。

場所は聖母愛児園がある横浜市内ではなく、同じ県内の大和市。だが、いざ小学校への入学となると、学校に子どもを通わせている親たちや地元住民、さらに教育委員会までもが、ボーイズタウンの子どもたちの受け入れに強く反対をする。周囲からは公然と「そんなもの建てたら黒人の町になるぞ」などといった言葉が浴びせられたという。差別と偏見と憎悪の標的になったロバァトさんたちは、やむなく大和市から横浜市内の学校まで、五年間毎日スクールバスで通うことを強いられた。当時を振り返ってロバァトさんは言う。

「『国に帰れ』ってイジメられた。ケンカは売らなかったが、売られたら買いましたよ」

ロバァトさんの妹マリさんは、ボーイズタウンではなく聖母愛児園にいて、入園した数年後には養子縁組が決まってアメリカに渡っていた。幼い彼女を引き取ったのは米兵と日本人女性の夫婦だったそうだ。聖母愛児園からアメリカの家庭に引き取られるこうした縁組は、一九五〇年からの一〇年の間だけで二五〇組程度にまでおよんでいた。

ロバァトさんは六〇年以上会っていないその妹の消息を探していたが、最近になってもうすでに彼女が亡くなっていたことを知る。アメリカに渡って二年半後に心臓の病気でだったそうだ。

「当時の日本で暮らすのは大変だったからさぁ、マリはアメリカに行っちゃってよかったんだと思う。きっとそうさ」(ロバァトさん)

戦争の地層の上に

陶器爆弾と焼き物の里

太平洋戦争末期、旧日本軍が焼き物で作らせた手榴弾や地雷。
工芸の里の職人は生き残るためにその兵器を伝統の登り窯で焼いた。
戦後、戦争を語る遺物はこっそり捨てられ、
知らんぷりする現在から、すっかり乖離した風景に沈む。

びん沼川（埼玉県川越市）の土手を少し下ると、川原の表層や土中にたくさんの陶製手榴弾が散らばっていた。信管は抜かれ、もちろん火薬は入っていない。田植え時期が近づく中、川面にはそのカケラが大量に顔を出し、〝戦争の地層〟が露わになっていた。

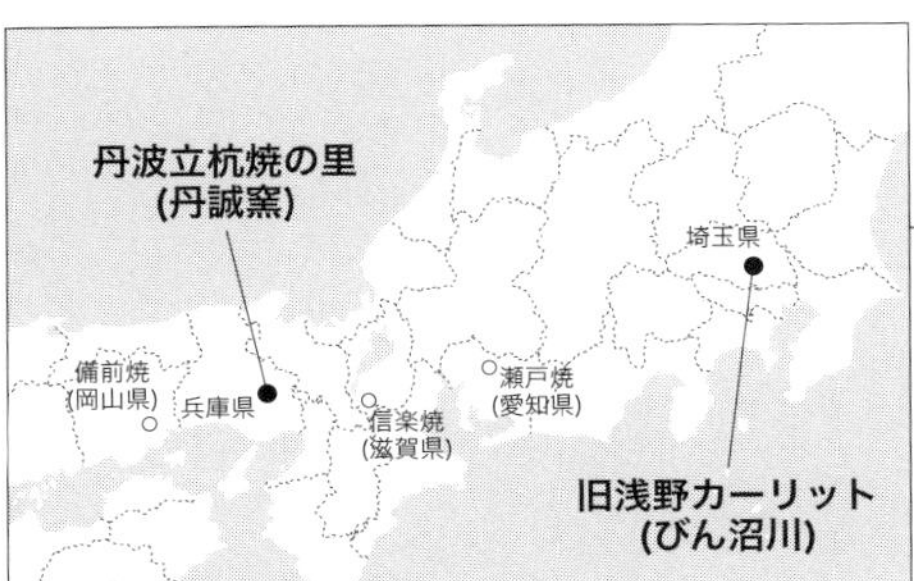

びん沼川へは、JR 川越線南古谷駅から徒歩約40分、車で約10分。浅野カーリットの工場跡地は現在川越東高校。陶製手榴弾の投棄物は同校裏の川原に多い。丹波立杭焼の窯元へは、JR 福知山線相野駅からバスで約10分。舞鶴若狭自動車道三田西 IC から車で約10分。宮原野乃実さんの個展などの情報は、宮原さんのウェブサイト https://www.miyahara-nonomi.com へ。

そこは戦争のカケラが地層を作っている。埼玉県川越市を流れるびん沼川（旧荒川）。ササヤブを掻き分け土手を降りると、足元には割れた陶器が土に埋まりながら現れ始め、さらに水辺近くへ進むとおびただしい数がぶ厚い層を成す。人間が食べ捨てた貝殻の遺跡に似ていると思った。しかし、こちらは同じ人間の廃棄物でも、太平洋戦争時に作られた陶製手榴弾の残骸である。

　川の横にはかつて軍需工場「浅野カーリット」があった。敗戦直前の一九四四年、同工場では足りない金属の代用に陶器を使い手榴弾や地雷を製造していたが、戦後、進駐軍に兵器が見つかるのを恐れた工場関係者がびん沼川に破棄。人目に触れず長年放置され、野ざらしのまま時が積み重なった。そんな〝戦争の地層〟が長雨で増水した川の中へ吸い込まれていく。冬の渇水時には川原に広がる陶片の風景を拝めるが、この日は濁った水が過去を隠すように流れ覆う。

焼き物の名産地から

　浅野カーリットの元従業員に戦争中の話を聞いた記録映像が、地元のビデオ同好会によって二〇一六年に制作されていた。その中で同工場の現場責任者だったという関根芳郎さん（故人）は、

「いよいよセトモノの手榴弾かよ。破壊力ないのはわかっていた」

と証言している。近くに旧日本軍の弾薬工場「陸軍造《ぞう》兵廠《へいしょう》川越製造所」（現埼玉県ふじみ野市）があり、下請け工場だった浅野カーリットでは手榴弾などへの火薬詰め作業を行っていた。言うまでもなく陶器爆弾は物資不足を前に軍部が考え出した苦肉の計。素人目にも実戦で効果がある代物には映らなかったらしい。

　薬莢になる陶器は全国の窯元で焼かれ、運ばれた。産地には瀬戸《せと》（愛知県）、清水《きよみず》（京都府）、有田《ありた》（佐賀県）などの名だたる陶芸の里が並ぶ。「信」の刻印が付いたものは信楽《しがらき》（滋賀県）。備前《びぜん》（岡山県）では後に人間国宝となる山本陶秀《とうしゅう》さんも手榴弾の作り手だったという。

　丹波篠山市（兵庫県）の山あい、現在約六〇の窯元が軒を連ねる丹波立杭《たちくい》焼の里も兵器を作っていた。「丹誠《たんせい》窯《がま》」の大西誠一さんが自宅に残る陶製地雷を前に話す。

「あのころ窯元は六〜七軒しかなかったが、みんなこぞってこれを作ったそうです」

（上）陶製手榴弾は野球のボールのような形と大きさ。原型を留めたものは上福岡歴史民俗資料館（埼玉県ふじみ野市）で見ることができる。「浅野カーリット」が投棄したもの以外に、「陸軍造兵廠川越製造所」跡地からの出土品も集められている。
（左）丹波立杭焼の窯元・丹誠窯（丹波篠山市）に残る陶器製の地雷薬莢。酒や醤油の大型ビン、日用雑器など作っていた焼き物の里も、戦時中は軍用品生産が主流に。主人の大西誠一さんが言う。「いまも同じ。いろんな技術が戦争に利用される」。

直径約二〇センチ、高さ約一〇センチ。沈んだこげ茶色で、上部に信管を差し込む穴を開けた円形陶器は、戦時中に大西さんの祖父が焼いたものだという。出荷先は不明だが、形状は埼玉で見つかったものとほぼ同じ。量産するために型を用い、穴の周りだけ手で成形したと大西さんは推察する。窯元の男性は多くが徴兵されていた。製造作業には学徒動員の子どもたちも関わった。

「軍の命令でこんなしょうもないもん作らされて。ただちゃんと登り窯で焼いてます。陶芸家としては悔しかったんと違いますか」

当時、全国各地の窯元はいやおうなしに武器の大量生産体制に組み込まれた。伝統工芸が培った高度な技術を、追い込まれた戦争が消費する。だが一方、戦時下で製品売り上げが落ち込む焼き物産地には、軍需品の請け負いが自分たちの生活を守るわずかに残された道だった。

「そういう世の中でしかたなかったんやろな。時代には波があって、いままた大変、どこも後継者不足や」

見えない歴史の上にいる

大西さんが少年時代、自宅では陶製地雷を漬物石にし

（上）平安時代末期が起源という丹波立杭焼。信楽や瀬戸とともに日本六古窯の一つに数えられる。窯元が集まる中心地に「現役最古の登り窯」があった。（下）宮原野乃実さんのアート作品「ざくろ」から。陶製手榴弾の上にミニチュア模型が乗る。びん沼川で地元の人から聞いた「近くのコンビニの下からも（手榴弾が）出るはず」との言葉が制作のヒントになったそうだ。

ていたという。本来の用途を父から聞いたのは戦後二〇年近く経ってからだった。びん沼川周辺でも拾った陶製手榴弾を一輪挿しの花瓶にしたり、陶製地雷を庭石や湯たんぽにしたりする住民がいたと聞く。兵器だった過去に新しい景色が上書きされ、古い事実は重なる地層のようにどんどん時の地下へ隠れる。われわれは知らぬ間に、見えなくなった〝戦争の地層〟の上に暮らす。

美術作家の宮原野乃実《ののみ》さんが陶製手榴弾のことを知ったのは八年ほど前だった。大学で陶芸を専攻していた彼女は骨董市で「おもしろい」焼き物を目にし、現物を集めようとびん沼川へ足を運んだ。

「足元に戦争が埋まっているインパクト。本当にその上に立っている実感があった」

しかし、周囲を見まわせば住宅や商店や学校といった、現在の人々が暮らす風景が広がっていた。過去の歴史と切り離されて平然と存在するその様子に彼女は興味を抱き、陶製手榴弾といまの街並みをジオラマとして組み合わせた作品群「ざくろ」を発表する。カケラを継いだ手榴弾の上に乗るコンビニや集合住宅のミニチュア模型。けっして忘れてはならないと言われる戦争と、その過去を放置したまま、まるでなかったかのように振る舞ういまの日常との距離感がカタチにこもる。

作品を見た人からは「悲しい歴史があっていまの日本の平和がある」との感想が寄せられる。「日本」という共同体に属する者へ共通して語られ、当たり前に向けられる「悲しい」戦争の記憶。ただ、宮原さんの中では自分が経験したことのない歴史とどう繋がり、どう向き合っていくか、足元の過去と「私」の現在がせめぎ合う。

「見る景色は変わらないのに、ここに工場があって手榴弾が埋まっていると気づいてからは、なんだかちょっとザワッとします」

（二〇二三年八月四日掲載）

《追記》丹波篠山市の「丹誠窯」には高さ五〇センチ以上の、樽のような形の硫酸ビンも置かれていた。火薬製造に使われる硫酸の需要は日中戦争を機に増加し、丹波立杭焼の里でも薬品輸送のための大型ビンが大量に焼かれ始める。焼酎ビンなどの製造技術を利用した、これもまた戦時下で主流となった軍用品生産の遺物だった。

戦利品は黙って吠える

石獅子と御府《ぎょふ》

価値ある貴重な文化財が盗まれて国外に流出した。
金儲けを狙う盗賊ではない。国家が戦争などに乗じて行う略奪だ。
博物館や美術館に展示された「戦利品」の適切な居場所とはどこか。
中国から持ち去られた、ある略奪文化財の風景を訪ねた。

山縣有朋記念館（栃木県矢板市）の庭に置かれた「石獅子」。中国由来で民間団体から中国への返還が求められている。漢文で来歴が刻まれているだけで詳しい説明はなく、受付で聞いても「石像のことを聞く人はほとんどいません。私もよく知らない」と話していた。

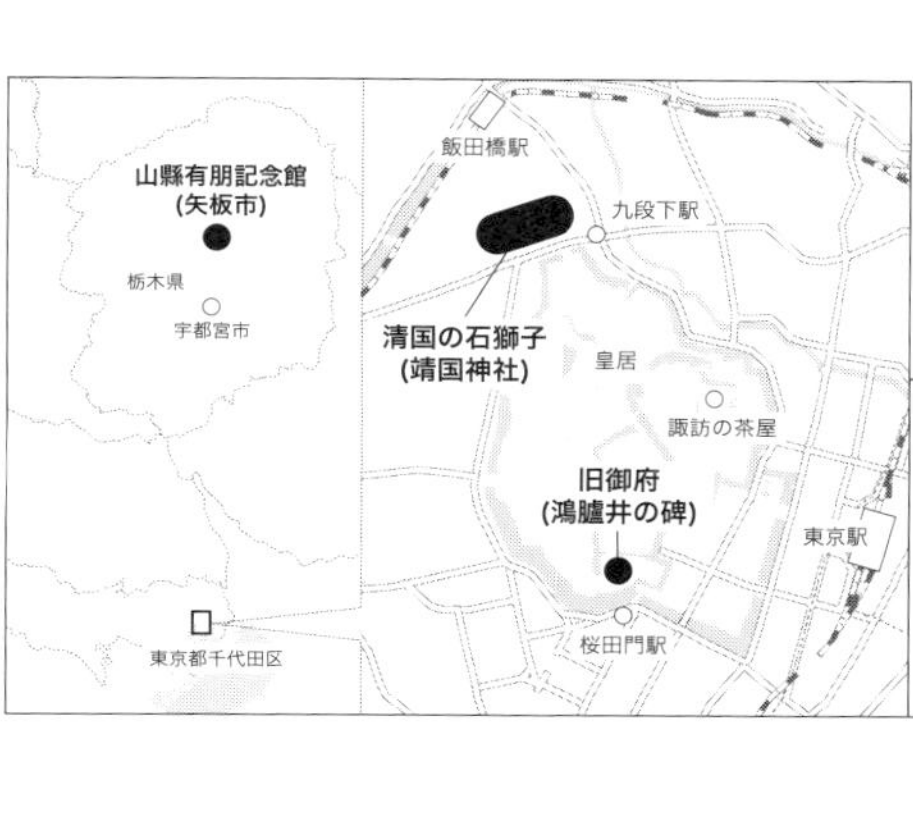

山縣有朋記念館へは、JR 東北本線矢板駅から車で約20分。東北自動車道矢板 IC から車で約25分。
靖国神社へは、JR 飯田橋駅および市ケ谷駅から徒歩約10分、地下鉄東西線・半蔵門線・都営新宿線の九段下駅から徒歩約5分。中国由来の石獅子は大鳥居の下にある。

そこには番犬のごとき石の像が、来る人もまれな庭先で鎮座していた。前足を立ててすっと背を伸ばし、もはや目も耳も鼻も、石の表面がだいぶ摩耗して表情はよくわからないけれど、少し口を開きなにか言いたげにはるか遠くを見つめている。

背後に建つ洋館は明治の元勲・山縣有朋《やまがたありとも》の別荘だったものだ。以前は神奈川県小田原市にあったのだが、山縣没後に栃木県矢板市の当地に移築し、現在は彼が天皇から授かった勲章などゆかりの品々を展示する記念館として一般公開されている。

庭先に置かれた石の像も同じく山縣が天皇より授かりしものである。かたわらに埋まった小さな石板を見ると、「明治二十八年十月」に下賜された事実と、さらに「海城三学寺石獅」の文字が刻まれていた。「三学寺」とは現中国遼寧省「海城」市に実存する寺院で、かつてその山門に据えられていた「石獅」が日本へと運ばれたとする、この石像の来歴を示す内容だった。

だから、この動物は犬じゃない。日本風に言えば「狛犬」となろうが、中国生まれの、どうやら「獅子」と呼ぶべき守護神獣である。

略奪した文化財

調べると、三学寺からは「山縣有朋記念館」にあるこの一体のほかに、さらに一対（二体）の「石獅子」が同時に運び出されていた。こちらは現在、靖国神社（東京都千代田区）の大鳥居脇に据えられ、見た目にも獅子とわかる威容で参道を見下ろす。『靖国神社百年史』に持ち込まれた経緯が残されている。

——日清戦争時の一八九五（明治二八）年、日本軍の野戦病院になっていた三学寺に「とても珍しい石像がある」との報を受けた山縣元帥が、天皇へ献じるため現地の将校に命じて石獅子三体を日本に移送させ、天覧後に一体が靖国神社、一体が山縣へ下賜された——

靖国神社の社殿に向かって右側に置かれた石獅子の台座には、「大清（略）敬立」と彫られていて、矢板の石獅子と同様、中国由来なのは確かなようだ。だが、実はこれらの文化財が日本軍によって強引に奪われたものなのか、許可を得て寺から譲り受けたものなのか、いまひそかに問題になっている。

「宮内公文書館には『戦利品明細録』というのがあって、この石獅子はちゃんと書いてあります」

靖国神社（東京都千代田区）の参道から見た「清国の石獅子」。一般的な狛犬と異なる姿だが、これが同神社最古の「狛犬」らしい。戦後に国交がなかったことも関連し、対中国の略奪文化財と、その返還問題は近年ようやく注目され始めた状況。

そう話すのは「中国文化財返還運動を進める会」の共同代表・東海林次男《とうかいりんつぐお》さんだ。同会は中国国内の学者らで作る民間団体と連携して、不当に持ち去られた中国由来の文化財を元の場所に戻す運動に取り組んでいる。東海林さんたちによれば、この石獅子については靖国神社や宮内庁の資料において戦時強奪を意味する「鹵獲《ろかく》」の表現が用いられ、日清戦争の「戦利品」としっかり明記されているという。

二〇二三年七月には、同会と靖国神社担当者との面談も行われた。神社側はそこで「石獅子は寺守の承諾を得て相当の代償を払って入手」と主張。ただし、そのことを裏付ける資料は確認できないとし、また靖国神社が天皇の勅使が来る勅祭社《ちょくさいしゃ》であることから神社の一存で「還す還さないを言えない」と、どうにも要領を得ない回答に終始したそうだ。

近年、欧米の国々を中心に、過去に植民地などから奪った貴重な文化財を元の国に返還する動きが広がる。フランスはベナンなどアフリカ諸国へ、オランダはインドネシアなどアジア諸国へ、ドイツはナチスが侵略した各国へ、イギリスも旧植民地へ、それぞれ違法な手段で

（上）皇居東御苑（東京都千代田区）に移築された「諏訪の茶屋」は、5つあった御府の建物のうち「懐遠府（かいえんふ）」に一時期使われた。現在、一般見学が可能な唯一の御府施設だ。（下）御府があった場所は桜田濠（東京都千代田区）に面した吹上御苑の南端とされる。「鴻臚井の碑」はそこに置かれたままだそうだが、外苑から内側をうかがい知ることはできない。堀を隔てて憲政記念館や警視庁などが建ち並ぶ東京のど真ん中に〝秘所〟はある。

持ち出した文化財の返還を実際に進め、関わる法整備も加速させている。文化財の略奪行為は植民地支配や侵略戦争の「負の遺産」。当事国がそうした文化財の来歴を調査し、違法な取り引きなら返還するのが国際的な潮流になりつつある。しかし、

「ヨーロッパに比べると日本は異常に遅れている。意識が低い」

と、東海林さんたちは政府や靖国神社の対応を念頭に、この国の現状はとても後ろ向きだと語る。

皇居内の秘所「御府」

同会と中国側が日本からの返還を求めていて、歴史的にも価値が高い文化財はもう一つある。八世紀の唐の時代に中国旅順に建立された「鴻臚井《こうろせい》の碑」。日露戦争後、旅順を租借した日本軍が同地から戦利品として持ち帰ったものとされる。返還についての今度の申し入れ先は宮内庁だ。置かれている場所が皇居内だからである。

かつて皇居の中には「御府」と呼ばれる施設があって、日清戦争から太平洋戦争までの、近代以降に日本が行った対外戦争における「分捕品《ぶんどりひん》」をそこに収蔵していたという。外部の人間がほとんど立ち入ることができない非公開の場所。「鴻臚井の碑」は、そうした皇室の秘所の一角にいまもひっそりとあるらしい。

なぜ「御府」は造られたのか。後に戦没兵士の遺影や名簿が納められ〝慰霊〟の意味合いも持ったとされるが、根底にあったのは〝国威発揚〟の思惑だろう。敵国の至宝を奪い天皇の下に置くことで戦果と戦勝の権威は高められ、国民はその栄光に浴す。ＧＨＱ（連合国軍総司令部）の命令で一九四六年に廃止されるまで、皇居内にはそんな軍国主義を象徴する場所が存在した。

戦後、「御府」の収蔵品はすべて処分される。方法は製鉄所に運び込んでの熔融。まさに歴史の〝消去〟だった。「鴻臚井の碑」は重さ九〇トンもある自然石のために〝消去〟を免れたようだが、現在の宮内庁は同碑の入手経緯は考慮せず、新憲法下で国有財産となったものを「適切に管理しているだけ」との立場だ。ゆえに返却を検討する予定も意思もない。

文化財返還問題に詳しい慶応大学の五十嵐彰非常勤講師は、「従軍慰安婦」など日本が抱えている他の戦後賠償問題と比較して、

「文化財返還に関しては、具体的な目に見える形で取り返しがつくということです。それは私たちがやらなければいけない、日本が世界に示す行動だと思います」と語る。中国大陸以外に日本は朝鮮半島からも大量に文化財を持ち去っている。国威を背負った戦利品の返還は戦争責任を孕《はら》み、多分に政治案件化してしまっているのも現実だ。しかし、黙して語らぬ石獅子たちは厄介な〝懸案〟ではなく、未来を照らす〝可能性〟になりうるということだろう。

（二〇二四年一月一九日掲載）

《追記》 文化財を外国から持ち去る行為は、学術の分野でも行われていた。

東京大学総合研究博物館（東京都文京区、本郷キャンパス内）や同大の考古学研究室には、旧満州国（現在の中国黒竜江《こくりゅうこう》省）で発掘した装飾品や土器（瓦磚《がせん》）などが収蔵されていて、一部が公開展示されている。これらの文物はかつて中国東北地方に栄えた「渤海《ぼっかい》国」を解明する上で貴重な資料・遺物であり、東アジア研究における大きな価値を有するものという。

東京大学東洋文化研究所（東京都本郷）の正面玄関に据えられた1対（２体）の石獅子。関係者によると「北京の宮殿に飾られていたと伝わる」とのことだが、来歴の詳細は明らかにされていない。

ただし、満州での日本の考古学者たちによる発掘調査は、現地に駐屯する日本軍の協力と庇護の元に行われていた。大規模な調査は一九三三～三四年。中国への本格的な侵略が始まった「満州事変」の二年後のことである。発掘品も発掘調査そのものも、日本の植民地支配とは不可分の〝略奪者の産物〟にほかならない。しかし、東大はそうした事実や、収蔵物が持つ来歴にいっさい触れることなく展示を続けている。

二〇二四年七月になって、「中国文化財返還運動を進める会」は、東大にいまも存在するこれらの文化財が中国から不当に奪い去られたものとして、東大に対し中国への返還を求める要望書を提出した。同会の共同代表の五十嵐彰慶応大学非常勤講師は、

「（満州の）考古学調査は植民地政策の正当化だった」

とも言う。学問が軍部に、国家に利用された側面もあったろうが、研究者自身にとっても同地で得た業績は輝かしい光だった。五十嵐さんの調べによれば、後に東大教授になる原田淑人《よしと》博士たちが敢行した満州での発掘調査は、日本軍が同行しているとはいえ、相当治安が悪い中で命の危険さえあったそうだ。苦労の末に獲得し、日本に持ち帰る貴重な学術成果。それは研究者にとってもいわば〝戦利品〟だったのだ。そして、その意識はいまでもそう変わってないのではないか。

また、同じく東大本郷キャンパス内にある東洋文化研究所の建物正面には、北京から持ってきたとされる一対（二体）の石獅子像が置かれている。同所はこの石獅子について、「一九三二年に満州貴族から取得した上野の石屋から購入した」と説明し、取り引きの正当性と取得経緯がわかる資料の存在も主張しているが、その資料の開示には応じぬままだという。

たとえ経済的な財産所有権があっても、国家間の不平等な関係、つまりは植民地下などで取り引された文化財においては「文化的所有権」を重要視する考えがもはや世界的な流れ。「帝国大学」は日本の植民地主義を支える学知を担った場所である。学術調査と称した盗掘の末にアイヌ民族などの遺骨を持ち去った問題と同じく、略奪文化財問題についても、「学術」の場が自分たちの過去とどう向き合うかが問われている。

よみがえる戦争の亡霊

現代に重ねた戦中戦後写真

ある歴史家が歴史を認識するために示した映像的な試みは、
戦時の人物をいまの風景の中で可視化することだった。
その場を訪ね、かつてその場にいた人々に会う想像力。
旅の一つの形として、時空を重ね合わせる〝タイムトラベル〟へ

「焦土となった博多の町を行く復員」（1945年10月撮影）とある古い写真を見て、地元福岡の市民はすぐに「路面電車の線路があるので大博通りでしょう」と指摘。博多港から博多駅に向かう途中には引き揚げ者のための病院があった（朝日新聞社提供の写真と合成）

大博通りへは、JR博多駅博多口からすぐ。旅客ターミナルや複合商業施設がある博多港まで約2キロの直線道路。
JR三ノ宮駅へは、JR大阪駅から約20分、新神戸駅から神戸市営地下鉄で約2分。阪急と阪神それぞれの「神戸三宮駅」が隣接する。

そこは博多港からJR博多駅へまっすぐに延びる「大博《たいはく》通り」(福岡県福岡市博多区)。たくさんの車が行き交う片側四車線の広い街路の中ほど、オフィスビルや大型商業施設が建ち並ぶ呉服町《ごふくまち》の交差点近くを、ワイシャツの袖をたくし上げながらビジネスマンの一団が元気に通り過ぎて行く。

「暑かねー。もう梅雨明けたい」

足早に駆け寄った先には自動販売機。冷たい飲みものを買ってひと休みといったところか。

およそ八〇年前の敗戦時、博多駅の位置はいまより北西寄りだったそうだが、大博通りは同じように港と駅を一本道で結び、そこには疲れ果て空腹を抱えた一団がゾクゾクと押し寄せ、歩き進んでいた。彼らは中国東北部や朝鮮半島などからの復員兵に、引き揚げ者たちだった。

太平洋戦争末期に「外地」にいた軍人と民間人を合わせおよそ七〇〇万人におよぶ邦人は、敗戦とともに追われるように帰国をする。博多港には敗戦直後からの一年半の間に約一三九万人もが引き揚げて来て、長崎県の佐世《させ》保《ぼ》港と並ぶ日本最大の引き揚げ港になっていた。さらに博多港は国内にいた朝鮮人などが祖国に戻るための送り出し港にもなり、多いときには一日一万人以上の往来でごった返したという。

ただし、あたり一面は一九四五年六月の福岡空襲で焼け野原になっていた。もちろん渇きを癒す自動販売機もない、ただ瓦礫の間を貫くだけの大博通りをひたすら行く人間の群れ。福岡市の市民団体「引揚げ港・博多を考える集い」が編集・発行した『あれから七十五年』(図書出版のぶ工房)の中で、当時、博多引揚援護局に勤務していたという大塚政治さんは、

「引揚の皆さんは戦前の乞食の様に、着ている服装は永い旅路の末に風呂には入れず服は破れて、汚れた体は垢でいっぱいの体臭で気の毒でした」

と証言している。

大博通りに立っていた私はいつの間にか〝タイムスリップ〟した。目の前にワイシャツ姿のビジネスマンはいない。色付きの風景の中、ザラついた白黒映像の復員兵たちが亡霊のようにゆらゆらと歩いていた。

いまの景色に戦時を重ねる

オランダの歴史家ジョー・ヘドウィグ・ティーウィス

77回目（2024年）の戦没者慰霊祭「みたままつり」が開催される靖国神社の前を、「靖国神社で参拝を終えた日本兵」（1935年撮影）が行進する（アフロ提供の写真と合成）

さんは、第二次大戦中の写真と、それと同じ場所で撮影した現代の風景を重ね合わせた映像作品で注目されている。研究の一環として始めたというこの試みについて彼女自身はこう語っている。

「歴史的な写真と、今日まさに同じ場所で撮った写真を組み合わせることで、歴史が私たちのまわりにあることを人々に理解してもらおうとしています。あなたが住んでいる場所、働いたり学校に通ったりする場所で、かつて人々が戦い、死に、まったく違う人生があった。私たちは歴史であり、歴史は私たちです」

作品群「Ghosts of History（歴史の亡霊）」は、現代のオランダやフランスの街角に銃撃戦を繰り広げる兵士が映り込むなど、強いインパクトを与える。直接の戦場となったヨーロッパ諸都市と比べ、沖縄や南樺太などを除いて地上戦がなかった日本とではいささか様相は異なるだろうが、ちょっと真似しようと考えた。

まっ先に思い付いた、この国の街角で多数の兵士を目にした状況とは、「復員」もしくは「出征」だった。戦地へ勇ましく出向いた日本兵は、一転して敗戦直後の日本にはあふれた。そんな「歴史の亡霊」たちを現在の日

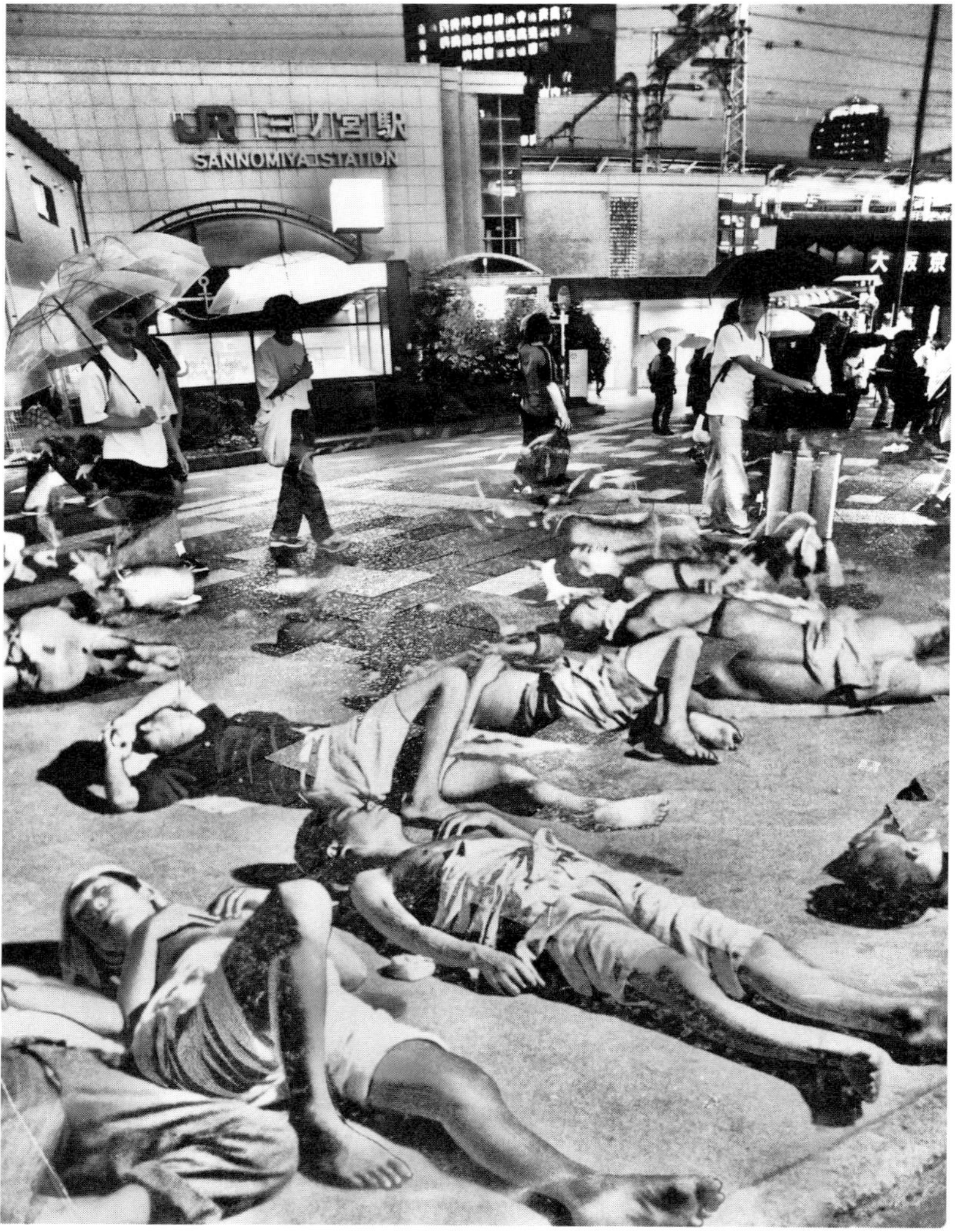

「暑い夏の夜、三宮駅前でごろ寝する人たち」(1947年撮影)。高畑勲監督のアニメ映画『火垂るの墓』では、三ノ宮駅構内で息絶えた主人公の遺品のドロップ缶を、駅員が駅前の草むらに投げ捨て、そこから淡い光を放ってホタルが舞い飛ぶ。現在のJR三ノ宮駅前には草むらもたむろする「駅の子」の姿もなく、明るい街の光が行き交う人々を照らし出していた(朝日新聞社提供の写真と合成)

本に置いてみると、不思議なことにさほど違和感がなく、ありえないはずの情景がわれわれの〝いま〟と錯覚したりもする。

「駅の子」がいた駅前

軍隊による地上戦はなかったけれど、日本各地に空襲はあった。

兵庫県神戸市の市街地は一九四五年二月からなん度も繰り返し米軍機の爆撃を受け、故・野坂昭如の自伝的小説『火垂《ほた》るの墓』はこの「神戸大空襲」によって母を亡くした兄妹の物語である。長編アニメーション映画にもなって広く知られているが、その冒頭、主人公である一四歳の少年・清太は、

「昭和二〇年九月二一日夜、ぼくは死んだ」

とつぶやいて、清太自身が神戸市内の省線（現ＪＲ）三《さん》ノ《の》宮《みや》駅の構内で衰弱死する場面が描かれる。

空襲から敗戦へと続く中で清太のような、いわゆる戦災孤児は数多く生まれた。彼らは雨風をしのげる場所を求めて大きな駅に集まり、寝ぐらにし、そうした浮浪児たちを周囲は憐れみ蔑み「駅の子」などと呼ぶようになっていた。

一九四八年の国の調査を見ると、敗戦から三年経ってもなお戦災孤児は全国で一二万人を超えている。激しい空襲が続いた東京や大阪や神戸、原爆被害があった広島で特に多く、親を亡くし、家を失ったかなりの数の子どもたちが上野駅や京都駅といった大都市の駅に流入していたとされる。『「駅の子」の闘い 戦争孤児たちの埋もれてきた戦後史』（中村光博著、幻冬舎新書）には、神戸大空襲後、「駅の子」となって三ノ宮駅周辺で妹と暮らしていた、まるで『火垂るの墓』と同じような経験を持つ内藤博一さんが、現在の三ノ宮駅近くで語った言葉が収められている。

「あそこだけは、いまでも足が向きませんし、私はいまだにこの戦争が終わった、平和やなという気持ちは持ってません。持つことができないんです」

アニメ映画『火垂るの墓』の最後は、亡霊となった清太と妹の節子がどこかのベンチにいっしょに座り、高層ビルが並ぶ現代の神戸の街を眺め見下ろすシーンで終わる。二人は死んでからずっと、いまもなお自分たちがいた場所に留まり続けているのである。〝見えない亡霊〟

を〝過去の歴史〟と言い換えてみた。過去からつながる現在の私たちの風景だから、見えなくてもどこかに「歴史の亡霊」たちはいる。

（二〇二四年八月九日掲載）

《追記》 博多港から博多駅に向かう途中にある聖福寺《しょうふくじ》には、敗戦の翌年四月、引き揚げ者のための「聖福病院」が開設された。この聖福寺の境内で初めて引き揚げ者を目にした福岡市の男性の話が、博多港の引き揚げ体験集『あれから七十五年』の中に記されている。

「狭い空間に沢山の人が座り込んで、突然入って来た私をうつろな眼で眺めている。住職は何故この不法占拠者を排除しないのか」

証言する男性は「外地」からの日本人の群れに最初は驚き、そして少なくない憤りをぶつける。「内地」だって敗戦直後の混乱期である。いきなり押し寄せた大量の引き揚げ者を前に戸惑いを隠せず、どこか複雑な思いさえ抱いた人たち。国内でずっと耐え忍んでいた当時の日本人の偽らざる姿、様子もうかがえる。

聖福寺は日本で最古の禅寺であるらしく、大博通り沿

「満州からの日本人戦争孤児たちが東京に到着」（1946年12月撮影）。右手前の10歳の少女は亡くなった兄と母の遺灰を抱いて品川駅のプラットホームを歩いていた（アフロ提供の写真と合成）

いの寺町・御供所町《ごくしょまち》に広大な敷地を有していた。その古刹の本堂が「聖福病院」に使われ、程なくして寺内の片隅には引き揚げ孤児を収容するための施設「聖福寮」も置かれることになった。

引き揚げ者の中には家族と生き別れになったり、両親を亡くしたりした子どもたちが多数含まれていて、ことさら満州方面からの孤児には栄養失調や病気が目立ったという。そんな子どもたちに対し、まずは医療と保育を行う施設が必要となった。正式名称は「厚生省博多引揚援護局聖福寮」。一九四六年末までに一六四人の孤児を受け入れ、翌年からは在外同胞援護会（外務省の外郭団体）などが運営する、引き揚げ母子家庭のための「聖福子供寮」へと継がれていく。

さらにこの地では、まるで「歴史の亡霊」に導かれるように、大博通りの先にあったもう一つ別の施設の存在を知ることになる。

福岡市の南隣、筑紫郡二日市町《ふつかいちまち》（現筑紫野市）に設けられた「二日市保養所」。満州や朝鮮北部などから引き揚げる際にソ連兵らによって性暴力を受けた女性たちに対して、ここは中絶手術と治療を施す場所だった。苦難の末の帰還だったにもかかわらず、どうしようもない絶望を抱えた多くの女性たち。満州からの引き揚げ者のひとりが、上陸目前の、博多港で停泊する船内で起きた悲劇を語っている。

「『今日は何人飛び込んだ』と大人の人たちの会話で分かったことは、若い女の人が強姦されたり、いろいろな痛手を受けた人たちが、内地を見たことで喜びと安心、不安と気持ちの整理がつかないままに、自らの命を絶つことを選択した悲しい出来事でした」（『あれから七十三年』・黒木恵美子さん）

性被害を受けた女性たちにとって二日市保養所は数少ない救いの手だったに違いない。開設していた約一年半の間に保養所での手術は四〇〇～五〇〇件に上ったとされる。もちろん中絶手術は違法。当時、秘密裏に行われた超法規的な措置だった。

こうした引き揚げ者たちの悲痛は、残された記録からほとんど抜け落ち、日本人の多くはあまり知らない。彼らが殺到したおよそ二年間の歴史は、いまだに曖昧な輪郭でゆらめき漂う〝亡霊〟のようだ。

Ⅳ　差別・抑圧の記憶

「美しき苦難の伝承」より

獅《し》子《し》ケ《が》森《もり》から

花岡事件

戦中、秋田の鉱山町に強制連行された中国人に対し、
「濡れタオルの水が一滴もなくなる迄しぼれ」と国は指示した。
壮絶な人間の苦しみを前に、戦争や差別に加担したという意識。
戦後、加害の歴史を知った者たちが慰霊を続ける町を訪ねた。

獅子ケ森（大館市）の山頂からの眺め。旧花岡鉱山は写真右手の北西方向だが、じかには望めない。脱走した中国人労働者のうち数百人が大館の中心部を避けて暗闇の原野を走り、この山にたどり着いた。戦後は公園として登山道など整備したが、訪れる人は少ない。

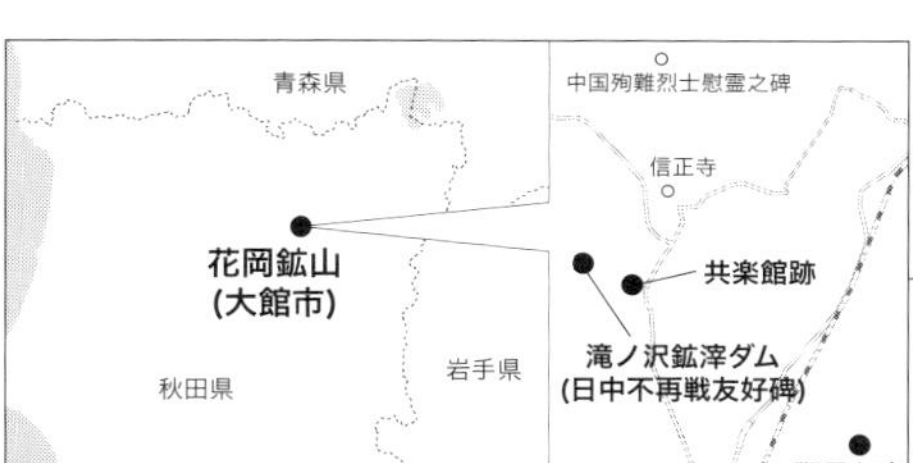

旧花岡町へは、JR 奥羽本線および花輪線大館駅からバスで約20分。「花岡桜町」や「花岡本郷」などで下車。秋田自動車道大館北 IC から車で約6分。獅子ケ森へは、JR 大館駅からバスで約15分。「獅子ケ森」で下車し、登山口まで徒歩約10分。そこから山頂は約30分。

その山中には深夜から未明にかけて約三〇〇人の中国人労働者が逃げ込んだという。標高二二五メートルほどの獅子ケ森の山。頂まで登ると手の届きそうな眼下に大館《おおだて》(秋田県)の街があった。〝山狩り〟はまもなく始まった。すぐ足元から迫り来る自分たちを捕らえようとする憲兵隊に地元消防団、在郷軍人などの日本人の群れ。闇夜が明けたとき、包囲された中国人たちの目にはいったいどんな景色が映ったのだろうか。

彼らはその日のうちに四キロ先の鉱山町「花岡」へ連れ戻される。四散した仲間も全員逮捕され、町の娯楽施設「共楽館《きょうらくかん》」とその広場で拷問を受けた挙句、続く三日間で一〇〇人もが無惨に息絶えた。

それぞれの花岡事件

秋田県の内陸北部にあった花岡鉱山を舞台に「花岡事件」は起こった。そこでの労働と虐待に耐えかねた中国人労働者約八〇〇人が、一九四五年六月三〇日に蜂起し、日本人補導員(監督)四人を殺害して逃走。鎮圧と捕縛のために町民を加えたのべ二万人超が動員されるという、太平洋戦争最末期に起きた外国人の集団暴動である。

しかし、中国人労働者にとってこの事件は花岡での事実の一部でしかない。彼らは中国大陸から強制連行された人たちだった。日本政府は戦時の労働力不足を補うため「華人労務者内地移入」を閣議決定し(一九四二年)、翌年から全国の鉱山や港湾へ約四万人の中国人捕虜などを連行している。花岡鉱山下請けの鹿島組《かじま》(現鹿島)花岡出張所には九八六人が送られ、劣悪な環境下での過酷な労働、管理者の暴力、食料不足による飢餓で次々と命を落とした。死者数は事件までの一年間で一三七人、その後にも一七二人。彼らの目を通せば、この地でのすべてがひと続きの「花岡事件」に違いない。

中国人犠牲者の遺骨を引き取り供養したのは花岡川近くの信正寺《しんしょうじ》だった。本堂裏には供養塔があり、毎年六月三〇日に地元市民団体が慰霊祭を行う。同寺には花岡鉱山の落盤事故で犠牲になった朝鮮人労働者ら二二人を弔う「七ツ館《ななつだて》弔魂碑」もある。花岡事件はこの事故後に始まった花岡川改修工事に、連行中国人を従事させたことと深く関係した。中国人たちは雪降る川の氷水に浸かり、一日一二時間酷使されたという。防寒具もなく、異様に痩せ衰え、連日誰かが死んだ。

花岡鉱山従事者の娯楽施設だった共楽館は大館市によって解体され、跡地に市立花岡体育館が建つ。逮捕、連行された中国人たちはこの広場で2人ずつ背中合わせに縛られ、一食も与えられず、炎天下、大勢の住民たちの前にさらされた。町民の目撃証言には「地獄絵図を見ているようだった」とある。

獅子ケ森の山麓にある大館郷土博物館は、花岡事件を題材にした連作版画『花岡ものがたり』を常設展示。物語詩に合わせた57枚の版画絵が郷土の悲劇を伝える。

「父は毎日見ていたと思います」

と話すのは、大館市在住で花岡事件を調べている佐々木義廣《よしひろ》さんだ。花岡川近くに住んでいた彼の父親は鉱山関連の仕事をしていた。中国人らが収容されていた「中《ちゅう》山寮《ざんりょう》」での悲惨な実態も知りうる立場だったという。だが、父親は花岡事件のことをずっと話したがらなかった。町の大人たちも同じで、後になって佐々木さんが尋ねても当時について口を開く人はほぼいなかった。

「犬以下の扱い。住民はさわられたくないことでしょう」

そう佐々木さんは父や町民の心情を推し量る。日常に戦争が入り込み、逃れられなかった花岡の人々。「事件」の目撃者も否応なく当事者となり、鉱山での残忍な処遇を知る者には逃げた中国人からの報復を恐れる声も出た。心のどこかに抱えた後ろめたさ、語れず封じた加害意識は、抜けない棘のように刺さったままだった。それが花岡の住民の視線から浮かび上がる花岡事件だった。

知るフィールドワーク

記憶に蓋をする行為は行政も行う。旧花岡町が続けていた犠牲中国人の慰霊式は合併後も大館市が引き継いだ

（上）旧花岡町から継続され、現在は大館市が主催する「中国人殉難者慰霊式」。戦争加害の犠牲者に対し、地方自治体が行うこうした慰霊活動は全国的に珍しい。（下）中国人を収容した中山寮を見下ろす場に建つ「日中不再戦友好碑」。6月30日、碑前では毎年続く〝平和の集い〟があった。中山寮跡は鉱山からの有毒物を溜めるダム下に埋もれたが、ダム工事中に新たな遺骨も発見され、犠牲者の遺骨再収集を呼びかける「一鍬（ひとくわ）運動」が展開した。

が、一方で同市は拷問と暴行死の現場になった共楽館を一九七八年に取り壊す。花岡事件の重要な史跡として存続を求める声が上がる中での強行だった。解体に反対した「花岡の地・日中不再戦友好碑をまもる会」代表の富《と》樫《がし》康《やす》雄《お》さんは語る。

「踏みつけた側は隠す。なかなか話さない。でも裁判は大きかった」

花岡事件が起きた年、富樫さんは小学四年生だったそうだ。市民には緘口令がしかれ、大館市内に住んでいても噂でしか事件は知らなかった。

大量の死者の存在が明るみに出るのは米軍が進駐した一〇月になってから。すぐに米軍は調査を行い、さらに軍事裁判。花岡でなにがあったかが徐々に詳らかになることで、話さない花岡に変化が兆したと富樫さんは感じた。鹿島との賠償交渉の過程では生存者の証言も出た。掘り起こされる事実は人の心に響き、過去と向き合う動きへと結び付いていく。

「花岡事件は忘れてはいけないと言うが、知らない人にとっては忘れるどころか、なにもない。楽しいテーマではないけれど、歴史の現場に立つこと、その空気に触れるだけで違ってくる」

富樫さんたちは花岡事件を知る機会として、ゆかりの地を巡るフィールドワークに取り組む。これまで県内外の中高生や一般旅行者など約七五〇〇人をガイドした。

六月三〇日（二〇二一年）、富樫さんたちに案内され、中山寮があった滝《たき》ノ《の》沢《さわ》鉱滓《こうさい》ダムへ向かった。現在は埋め立てられた花岡鉱山の旧ダム池。周囲では亡くなった中国人の遺体や遺骨が多数見つかり、掘り出された場所だ。

「心配なのはまだ骨片が足元に残っているかもしれないこと。話をすると、歩っていた中学生は途端に表情を曇らせます」

その暗い過去を踏みしめ進んだ先に、花岡の人たちなどのカンパで建てた「日中不再戦友好碑」があった。

（二〇二一年一一月一二日掲載）

《追記》花岡鉱山の中国人元労働者らと鹿島との損害賠償請求問題は二〇〇〇年に和解が成立。国に対しても損害賠償を求め係争中だが、裁判所は「強制連行」を認めつつも、「戦争賠償の請求を放棄」とした日中共同声明（一九七二年）で決着済みと、棄却が続く。

「シオンの娘」たち

イエスの方舟

主イエスをかたる男が家出娘を監禁し、姿を消した——
現代の神隠しと騒がれた「千石イエス事件」は作られた虚構だった。
あれから40数年。〝方舟〟はひとりの脱落者も出さず浮かび続ける。
時代をまたぎ生き抜く、「隣人愛」が支える夜の店の軌跡と奇跡。

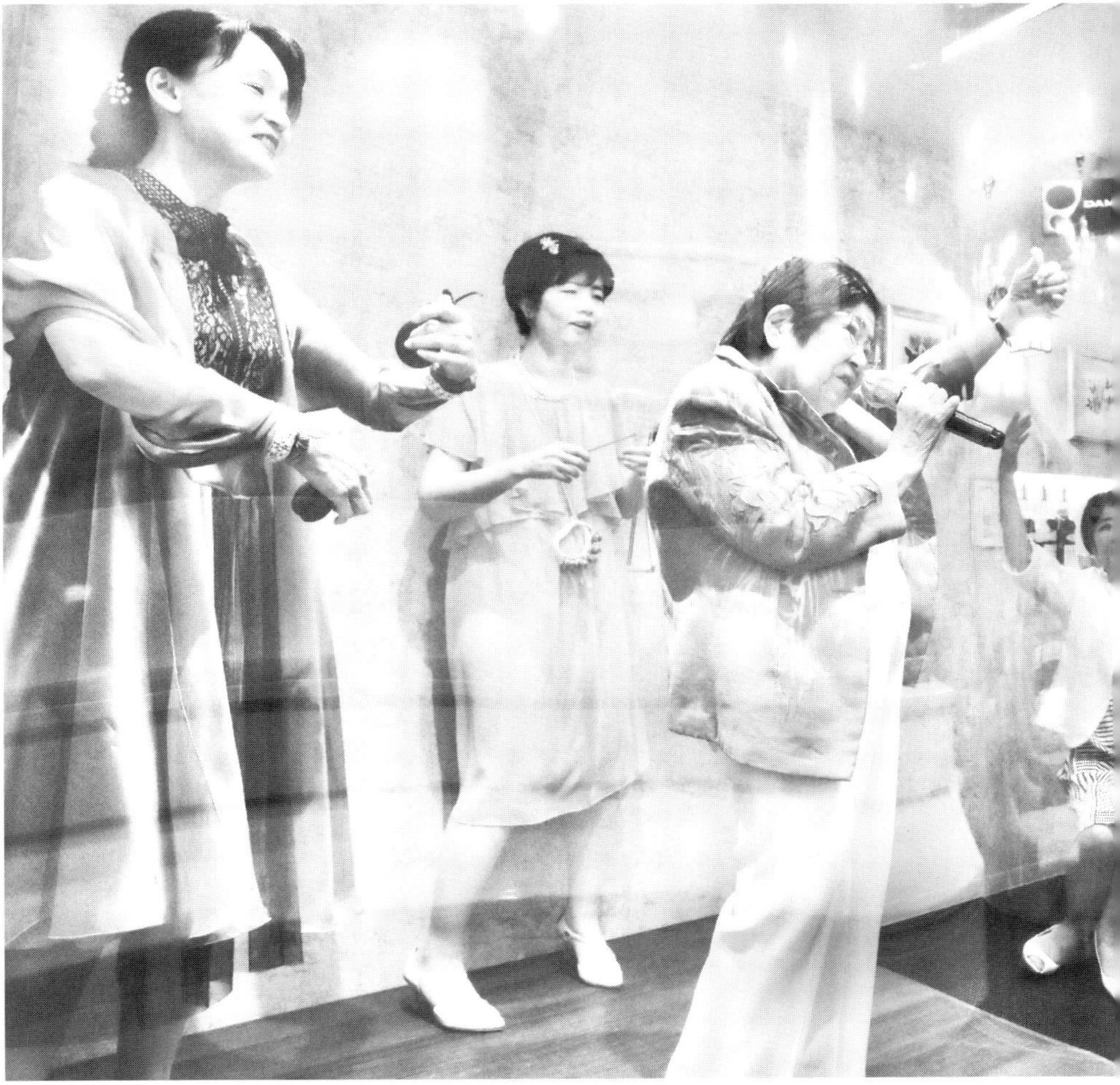

明るい店内の旧「シオンの娘」(福岡市香椎)。小さな舞台ではショーが始まる。接客女性の最高齢は2022年で卒寿を迎えた千石まさ子さん(中央)。香椎で営業した2年半はほぼコロナ禍だったが、感染対策を万全にした〝癒し空間〟に常連客などが足繁く通う。

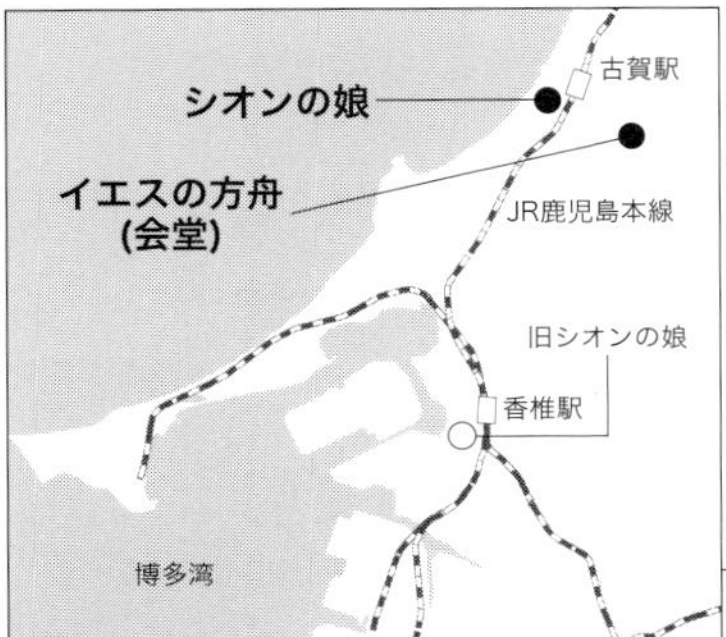

「イエスの方舟の店 シオンの娘」へは、JR鹿児島本線古賀駅から徒歩約1分。福岡・中洲から移転後、2022年末までは同じ沿線の香椎駅近くで営業していたが、現在は当地に移転しリニューアルオープンしている。

そこは夕刻から一二人の女性たちが客を迎える。長引くコロナ禍で苦境に立たされた「接待を伴う飲食店」の一つだが、暴風、荒波の中にあっても誰ひとり欠けずに店は守られ、今宵もそっとドアが開く。店長の千石恵《せんごくめぐみ》さんは話す。

「向かい風を追い風に変えていかないと」

店を始めるころの約四〇年前、彼女たちがさらされていたのも強烈な「向かい風」だったはずだ。それぞれの家庭や世間、マスメディアから受ける、きっといまよりもはるかに暴力的な風。「追い風」にする術《すべ》を持たず、収まるのを待つように彼女たちが乗った舟は波に流され、東京から各地を漂い、九州・福岡の地まで逃れた。

店の名前は「シオンの娘」。キリスト教の聖書にある丘の名で、「神の都」を意味する宗教的な語を冠するこの場所は、かつて世を騒がせた「イエスの方舟《はこぶね》」の人たちが営む店だ。

聖書を実践する場

故・千石剛賢《たけよし》氏が主宰する聖書研究サークルは一九六〇年に大阪から東京へと拠点を移し、七〇年代には「イエスの方舟」と名乗って入会する女性らと共同生活を送るようになっていた。

しかし、社会や家族関係への悩みを抱え、家出同然で駆け込む若い女性たちに対し、彼女らの親が「娘を返せ」と剛賢氏に迫り、そうしたトラブルを報じる新聞や雑誌、テレビが「イエスの方舟は女をかどわかす淫らな邪教集団」との物語を加えて糾弾キャンペーンを展開する。攻撃から逃れるように失踪した〝方舟〟への憶測や流言はますますエスカレートし、「事件」として国会で取り上げられるなど社会問題化した。

騒動のさなかの一九八〇年七月、剛賢氏のインタビュー記事が週刊誌『サンデー毎日』に掲載され、行方不明だった〝娘たち〟自身が姿を見せての記者会見が行われる。背筋を伸ばし決然とみずからの意思を語る彼女たちの様子は、「いかがわしいハーレム教団」という世間大衆が見たがっていた像を鮮やかに裏切った。マスメディアが伝える扇情的な物語とはまるで乖離した実相。ようやく騒ぎは収束していく。

剛賢氏は自分のことを「教祖・千石イエス」と称したことはない。彼をそう名付けて「事件」に仕立てたのは

浮き沈みの激しい夜の街で、話題性もあって「シオンの娘」は繁盛店になった。壁には来店した有名アーティストと並ぶ故千石剛賢氏の写真が飾られていた。

マスメディアだった。〝娘たち〟の記者会見が行われたのと同じ一九八〇年という年には、二〇歳の男子予備校生が金属バットで両親を殴り殺すショッキングな「事件」が起きている。家族崩壊という不穏がしのび寄る時代にあって、ひそかに〝方舟〟は現代社会の地殻変動をあぶり出していた。親も世間もマスメディアも、本当は自分たちに突きつけられていた向き合うべき大きな不安から目を逸らすのに、大衆から異質に映るこの家族的共同体は格好の人身御供となったのかもしれない。

福岡県へと流れ着いた〝方舟〟は、生活の糧を得るために一九八一年、中洲（福岡市博多区）のネオン街に会員女性たちが客を接待するクラブ「シオンの娘」を開業した。剛賢氏の三女でもある恵さんは開業当時を思い出しながら、

「店に行くと洗脳されるなんて偏見や誤解も多かったです。それに素人集団。まわりからは三か月も持たないよって言われました」

と話す。水割り作りもおぼつかない代わりに、来る客を喜ばせようと彼女たちが考え出したのが「ショー」だった。歌やダンスなどの、それぞれの特技を生かした

会堂内に立つ千石恵さん（左）とまさ子さん。「いろいろあったけど、自分たちの生き方で誤解を解いてきた」と言葉をそろえる。店の収益を使って子ども食堂や困窮家庭へ向けた1000万円の寄付も行なった。「弱い立場の子どもに悲しい思いをさせたくない」と食料支援などを続けている。

手作りのステージは次第に店にとって最大の名物、代名詞のようになる。

ここで接客する女性たちは酒を飲まない。夜の店特有の「指名」や「同伴」のシステムもない。酔客の話にそっと耳を傾け、穏やかにうなずき、あふれるのは「色気」より「和み」だ。〝娘たち〟が水商売で働くのを剛賢氏は最初は反対していたらしいが、ネオン街にたたずむクラブ「シオンの娘」は聖書はもとより、剛賢氏自身が日頃「みんな仲良く」と説いていたまさに隣人愛の精神を実践する場となっていった。

入居するビルの老朽化で二〇一九年に中洲を離れ、現在（取材した二〇二二年）は香椎《かしい》（福岡市東区）で営業している。さらに二〇二三年には隣の古賀市へ移転する予定だというのだが、

「シオンがあればどこでも行くよ」

と中洲時代からの常連客。彼にとってこの空間は、独特の温かさを持つ「天国」らしい。

「宗教は嫌いなの」

二〇〇一年の冬、〝娘たち〟から「おっちゃん」と慕われた剛賢氏がこの世を去った。来る人を平等に拾い上げ、開放的で厳しい戒律も禁欲も強いなかった彼の存在は、世間一般が抱くキリスト教宗教者のあるべき姿からは逸脱していた。だからなのだろう、〝娘たち〟はその別れについてこぞってこう口にする。

「おっちゃんの死は絶対的な教祖の喪失とは違った」

聖書をもやい綱にした深い絆を「おっちゃん」は残し、そして、女性たちを乗せた〝方舟〟はもうどこにも漂流することはなかった。

一九九三年に自力で建てた会堂（教会）には一枚だけだが剛賢氏の写真が飾られていた。その写真の前で、彼から〝方舟〟の責任者を継ぐ、かつて妻だった千石まさ子さんは言う。

「私は宗教は嫌いなの、昔から」

旧統一教会の原理運動が取り沙汰されるのは〝方舟〟の騒動と時期が重なっていた。すぐ後には、出家信者を奪還しようと信者家族が奔走するオウム真理教の事件も起きた。「おっちゃん」と生きる場は、教祖を「真のお父様」などと呼ばせる旧統一教会とまるで異なる。武装化してテロを企てたオウム真理教とは比べるまでもない

だろう。多くの被害者を生んできたそれら「宗教」が、彼女の言葉の横をよぎっていく。

「人間はみんなつらい。そんな人たちを助け、私たちも助けられた。ここは悩みを吐き出して重い荷を置く窓口になればいい」（まさ子さん）

夜は更け、「シオンの娘」では客から歌のリクエストが入った。二人の女性が小さな舞台に立ち、ピアノ伴奏に合わせて声を響かせる。中洲に店があった時代に全員でのコーラスでよく歌った曲なのだそうだ。

♪いま負けそうで泣きそうで 消えてしまいそうな僕は（略）苦くて甘いいまを生きている（『手紙～拝啓 十五の君へ～』）

「あぁ～、いい歌ですよねぇ～」

漏れ聞こえる客の安らいだ声が、じんわり店の中に溶けていった。

（二〇二二年一一月一一日掲載）

《追記》香椎を離れて、古賀市（福岡県）に店を新築した「シオンの娘」。二〇二三年五月の再オープンから一年ほど経ったころに訪ねてみた。

日々続けている聖書研究の場でもある「イエスの方舟」会堂（福岡県古賀市）。独身女性が住む寮も併設され、東京にいた当初から変わらない共同生活を行う。

「電車の大きな音が聞こえて、少しビックリするかもしれませんよ」

座って真っ先ににそう言われるほど、店はJR鹿児島本線の線路横にあり、古賀駅の改札口を出てすぐ、徒歩一分ほどの近さだった。営業していない店舗が並ぶ、すっかりさびれた駅前商店街の中にポツン。その真っ白い建物と真っ白い看板はどうしたって目を引く。

「古賀で一番高い店なんて言われてます。でも、なんてたって近いのが楽です。忘れものしたって、すぐに取りに行けますからね」

イエスの方舟の会堂は駅を挟んだ反対側にある。同じ場所には店で働く女性たちのほとんどが共同生活を送る住居も建つ。近くて便利になったこと以外に変化はないのかと、あらためて恵さんに聞いてみると、

「私たちがやることはなにも変わりません」

とサラッと答える。日課にしている全員での聖書の勉強、その聖書の教えの実践の場としての店、そして店で人と接すること。続けてきた変わらぬ毎日が穏やかな空気を作り出し、きっとそれが客たちを引きつけるのだろう。香椎時代を支えた中洲時代からの常連客は古賀に移転してからも変わらず通ってくれていて、客層にもそう変化はないのだという。

ついでに言えば、「偏見も変わらない」そうだ。店に入ろうとせず、道の向こうから怪しそうに見ている人はどこに行ってもいる。自分たちの生き方でそうした誤解を解く姿勢もまた変わらない。

ショーを行うステージは香椎の店に比べて格段に広くなっていた。ステージ上方から降りるブランコの仕掛けも備えた。ただし、カウンターの造り替えも含め、これらは新趣向ではなく、かつての中洲の店の雰囲気になるべく似せようとしたものだ。旧知の客は懐かしがり、喜んだ顔を見せてくれるという。

ちょっと手前味噌になるが、当方の記事が雑誌に掲載後、「なんだか呼び水になったよう」にマスメディアからの取材が続いたそうだ。全国紙に取り上げられたり、ドキュメンタリー映画が制作されたり。

「マスコミは怖い。助けられたりもする。生かすも殺すも自分たち次第」

恵さんはまた、カウンター越しにサラッと言った。

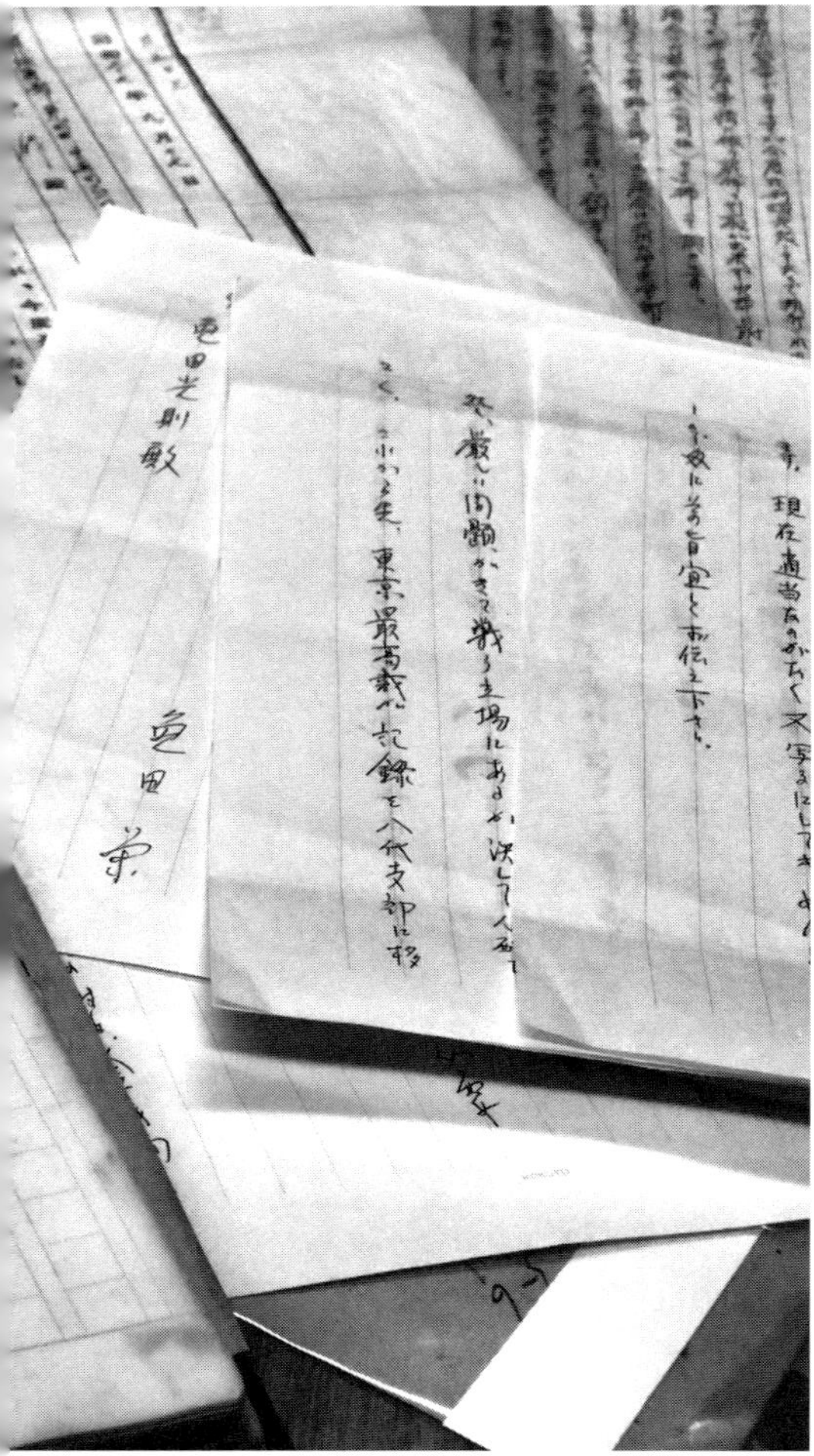

獄中で刻んだ〝生きる〟

「免田事件」資料

日本で初めて死刑確定後に再審無罪となった免《めん》田《だ》栄《さかえ》さんは、
2020年に他界する前、拘置所内で使った大量の文書を次代に託す。
死刑制度を持ち、死刑を軽んじる言葉で法相が職を辞す国。
冤罪の怖さと命の重さを示す圧倒的な〝手ざわり〟を前に置く。

免田栄さんが獄中で書写した公判調書（左）。閲読許可はなん度も更新され、「再審の為」と付記されている。家族宛ての手紙のほか、死刑執行後の死体引き取りに関する福岡刑務所からの通知（右上）もある。免田さんは筆まめだったそうだ（熊本市・熊本大学文書館）

熊本大学文書館へは、JR熊本駅からバスで約25分、熊本大学黒髪南キャンパス内。
人吉市へは、熊本市からバスで約2時間。人吉市に向かうJR肥薩線は運休中。
行信寺（大牟田市）へは、JR鹿児島本線大牟田駅から徒歩約30分、車で約7分。

そこには四つ葉のクローバーのような押し花が挟まっていた。免田栄さんが塀の内側で見つけたものなのだろうか、〝幸運を呼ぶ〟とされるシロツメクサは、自身の死刑判決が出された裁判記録の中で茶色く変色しながらも、しっかり輪郭をとどめている。

めくってもめくっても、すべてのページを手書きの文字が埋めるぶ厚い綴《と》じ冊子だった。拘置所で免田さんが各回の公判調書を取り寄せ、みずから書き写したものである。黒いペン字の行間には、ところどころ鉛筆による書き込みや、赤い線が引かれていた。後から繰り返し読んで、なん度も検証した証だろう。人吉《ひとよし》警察署（熊本県）での拷問のごとき取り調べと、それに耐えかね犯行について嘘の自白をしたと答える箇所には、「誘導尋問」と強く濃く書き加えられている。

「ちょうど全面否認に転じた第三回公判の部分。執念でしょう。書き写すことで免田さんが自分の言葉で裁判を整理していく、その過程が手に取るようにわかる」

熊本日日新聞の記者として「免田事件」の取材を続け、免田さんとも長年親交があった高峰武さんはそう話す。

公判記録の写しのほか、使い込んだ辞書や、家族宛ての手紙を並べた熊本大学文書館（熊本市）の一室。元死刑囚・免田栄さんが残した肉筆資料の山には、冤罪で拘束され、常に死刑の恐怖がこびりついた、およそ窺い知れない一万二六〇二日が沈積していた。

「免田資料」という遺言

一九四九年一月一三日、免田さんは二三歳のときに突然逮捕される。前年末に熊本県人吉市内で祈禱師夫婦が殺され、幼い娘二人が重傷を負った強盗殺人事件の容疑者としてだった。一審判決は死刑。控訴も上告も棄却され、五二年には最高裁で彼の死刑が確定する。

しかしながら、免田さんは一度は容疑を認め「自供」したものの、一審の途中から一貫して無実を訴え続けていた。八〇年、六度におよぶ請求で再審が決定。そして八三年、熊本地裁八代支部は免田さんのアリバイを認め、捜査段階での自白の信用性も否定し、無罪判決を言い渡す。釈放されたとき免田さんは五七歳になっていた。

収監されてからの免田さんは、家族や支援者と多くの手紙のやりとりをしている。実家などに残されていたそうした手紙類に加え、再審のために彼が獄中で読み使っ

免田さんが元熊本日日新聞記者の高峰武さんらに寄贈し、現在は熊本大学が管理する「免田栄資料」。高峰さんらが整理・編集した『検証・免田事件［資料集］1948年（事件発生）から2020年（免田栄の死）まで』が2022年に出版された。

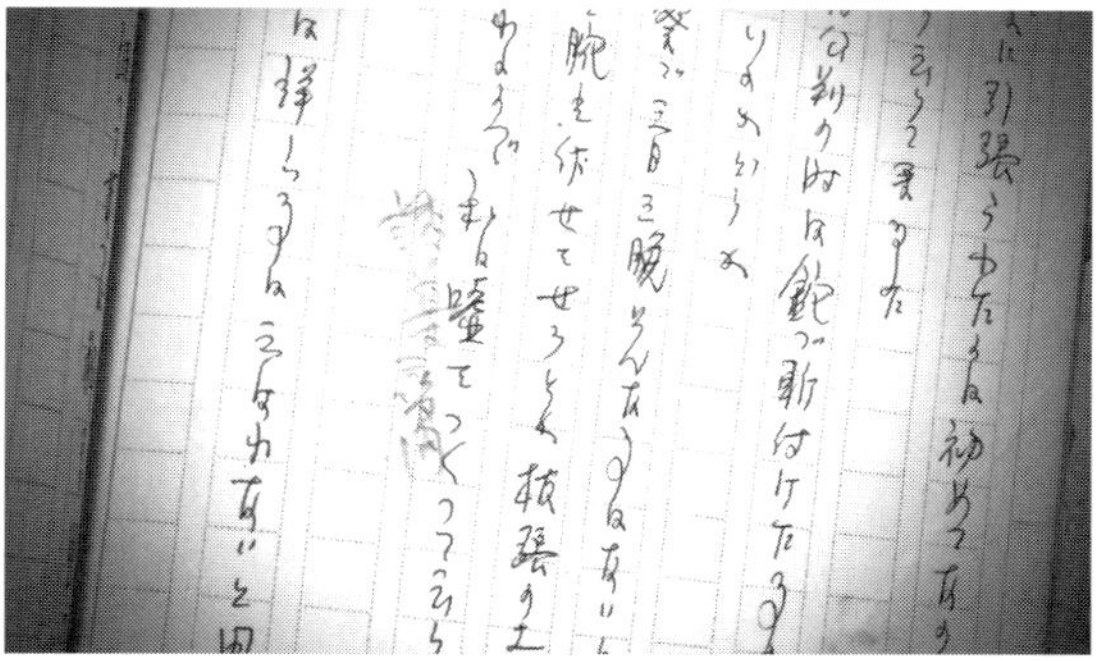

公判調書の写しの中に残る、免田さん自身が書き加えた「誘導尋問」の文字。免田さんから託された資料について、それら読み進める元熊本放送記者の牧口敏孝さんは「免田さんが見えとったものがなにか、ようやくわかってきた。宝の山です」と話す。

ていた書物や資料が、「なにか役立ててくれ」と免田さんの手から高峰さんらに託されたのは二〇一八年のことだった。同じく免田事件の取材に関わった高峰さんの元同僚記者の甲斐壮一さん、RKK熊本放送元記者の牧口敏孝さんとともに、ここから膨大な「免田資料」の整理、読み解き作業が始まる。

「ひらがな、カタカナから漢字が増え、文章もしっかりしてきた」

と甲斐さんは獄中で読み書きを覚えた免田さんの変化を話す。残された手紙からは、これまで知らなかった免田さんの心の軌跡が見えてきた。

最高裁での死刑確定後は毎日、刑が執行される可能性があった。第三次請求を受けいったん再審開始が決まった「西辻《にしつじ》決定」の際も、父・栄策《えいさく》さんへの手紙には、

『何時に何んと通知が来るか分（か）りません。又いかなる事がありましても正しい事は最後まで通して行きます』（一九五六年九月四日付）

と、どうにも消せない不安を抱えつつ、無罪獲得への諦めない決意をつづっている。

西辻決定は「法の安定」を理由に取り消され、再審確

（上）2020年7月豪雨の被害で止まったままの肥薩線。球磨川沿いにある那良口駅（熊本県球磨村）は冤罪の始まりの場所だ。人吉市内から離れて知人宅にいた免田さんは、深夜いきなり警察に拘束され、この駅まで連行。恐怖と不安が支配する暗闇の中、トロッコ線路を延々と歩かされたという。（下）現在は誰も住んでいない大牟田市内の免田さんが暮らした家。「免田資料」はここに雑然と積まれていた。

定はさらに二四年待たされることになる。再審公判が結審した直後、支援者で教誨師《きょうかいし》の潮谷《しおたに》総一郎さんへ送った手紙にはこうある。

『最も大切なことは　民主国家として個人の人権が擁護されて居るかと云う現実の問題で　多くの死刑囚が空しく刑台に去って居る様を見て痛みを感じて居るだけに法の矛盾を痛感している者です』（一九八二年一二月一二日付）。

なぜ自分は逮捕され、なぜ死刑判決が出て、なぜ司法はこの間違いを正せないのか。免田さんは自分の身に起きたことを知るために獄中で学び、学ぶことで生きる意味を問うた。高峰さんは言う。

「冤罪の根に差別があり、さらにその差別の元凶になにがあるのか。冤罪を晴らしたいという問題を超えて、免田さんは深いところで国家を見抜いていく。地獄の底から見た日本を」

「三四年」の後の三八年

釈放された免田さんは故郷である人吉の地（旧免田村）に戻らなかった。人吉市出身で免田さんと交流もあった前山光則《まえやまみつのり》さん（八代市在住）は、事件が起きた祈禱師一家の家近くに両親が住んでいた。

「いまも（免田さんを）犯人だと思っている人は、ここには山ほどいます」

現在は静かな住宅地である。七五年前の殺人事件の記憶などもうすっかり風化している土地であっても、世間から押された元死刑囚という〝烙印〟はなかなか消えることはなかった。「自由社会」に帰った免田さんのもとには中傷する手紙や電話が続き、偏見まみれの視線が周囲から向けられた。

免田さんは二〇〇五年、無罪となった自身の再審判決に再審を申し立てる。原審での死刑判決が破棄されていないことや、年金の無受給状態などに対し「真の人権回復は実現していない」と訴えた。

「人を人として認めない。出て来たって日本はなにも変わってないじゃないかと。目指したのは『人間の復活』だった」（高峰さん）

免田さんは釈放の翌年に結婚。妻・玉枝《たまえ》さんと福岡県大牟田市に住み始め、そこが九五歳で亡くなるまでの終の住処となった。

「炭鉱の町で、流れ者が多いから居心地がよかったのでしょう」（玉枝さん）。

二〇二二年一二月には同市の行信寺《ぎょうしんじ》で免田さんの三回忌法要が行なわれた。住職の話によると、没後の免田さんのもとへはときおり参拝者があるそうだ。はるばる遠方より訪ね来て、「免田事件はけっして忘れてはならないこと」と語る人たちの姿。そうした報を受け、法要参加者の間からははからずも「冤罪の聖地になっちょる」なんて声が漏れた。

（二〇二三年二月一〇日掲載）

《追記》「免田事件」は冤罪死刑囚が再審無罪になった初めての例として知られるが、もう一つの〝初〟が付いている。戦後の新しい刑事訴訟法は免田さん逮捕の一二日前、一九四九年一月一日に施行された。その生まれたばかりの刑訴法下で扱われた重大事件の第一号が、まさに「免田事件」だった。

現行法でもある同法では、再審については一〇〇年以上前に制定された前刑訴法の規定をほぼ踏襲し、再審を認めるには「無罪などを言い渡すべき明らかな新証拠が

免田さんの三回忌（福岡県大牟田市・行信寺）。手を合わせた玉枝さんは、免田さんとの最初の出会いを「ただ34年の苦しみを聞きたかった」と振り返った。2024年10月に亡くなった。

必要」と定めている。戦前から続く、見込み捜査や取り調べでの拷問、自白偏重、客観的証拠の軽視といった、冤罪を生み出しかねない捜査手法が警察現場でまだまだまかり通っていた時代にあって（実際に免田事件ではこれらがすべて行われていたわけだが）、冤罪を正し、無実の被告人を救済する道には「新証拠」という極めて困難な要件が課されていた。そのハードルの高さから再審は「開かずの扉」と戦後ずっと言われてきた。

七五年、最高裁が「疑わしきは被告人の利益」とする刑事裁判の原則を示したことで（「白鳥《しらとり》決定」）、再審請求への扉も少しだけ開くことになる。八〇年代に入ると「免田事件」を皮切りに、「財田川《さいたがわ》事件」（五〇年）「島田事件」（五四年）「松山事件」（五五年）と、死刑が確定した四裁判に再審が認められ、いずれも無罪が言い渡される。ちなみに「布川《ふかわ》事件」（六七年）や「足利事件」（九〇年）など、無期懲役刑への再審公判も戦後五件あり、こちらもすべて無罪判決だ。

確定死刑囚の再審公判として五例目となったのが「袴田事件」（六六年）である。そして、二〇二四年九月、静岡地裁（国井恒志《くにいこうし》裁判長）は強盗殺人などの罪に問われた袴田巖さんのやり直し裁判で無罪を言い渡した。

判決では、袴田さんを有罪とした元の裁判での証拠を明確に「捏造」と認定。非人道的な取り調べで得た自白調書、犯行時の着衣とされた衣類など三つの証拠について、どれも袴田さんを犯人に仕立てるため捜査機関がでっち上げたものとし、袴田さんが「犯人であるとは認められない」と結論付けた。

「この裁判にものすごい時間がかかっていて、裁判所は申し訳ないと思っています」

と閉廷前に裁判長は被告側に語った。事件発生から六〇年に迫る年月はあまりに長い。長期化の要因は「法の安定」に囚われるあまり、司法が司法の誤りを認めない姿勢にこそあるだろう。人間は間違う。冤罪は起こりうる。その前提に立っての仕組み作りは急務だ。

「日本はなにも変わってないじゃないか」

と免田さんは言った。日本の〝冤罪の原点〟と言うべき「免田事件」から七六年、その再審無罪判決から四〇年以上が経ってもなお、捜査機関が保有する証拠を再審のために被告へ開示する法的ルールはこの国にない。

「不健全」な旅

ラブホと遊郭と給付金

一般には、性的営みに適した宿泊施設を指すラブホテル。

「ちゃんとした仕事なのに、国から地位を低く扱われる」

コロナ禍はラブホを含めた性風俗事業者への差別を浮き彫りにした。

古くからある性を売り物にした職業。救わない理由はなんなのか。

お菓子の家をテーマにした「スイーツホテル渋谷店」(東京都渋谷区)。館内には甘い香りが漂い、遊び心満載の設備が並ぶ。運営するベストディライトグループの桝村健右代表は「シティーホテルにできない面白いことをするのがラブホテルのあるべき姿」と話す。

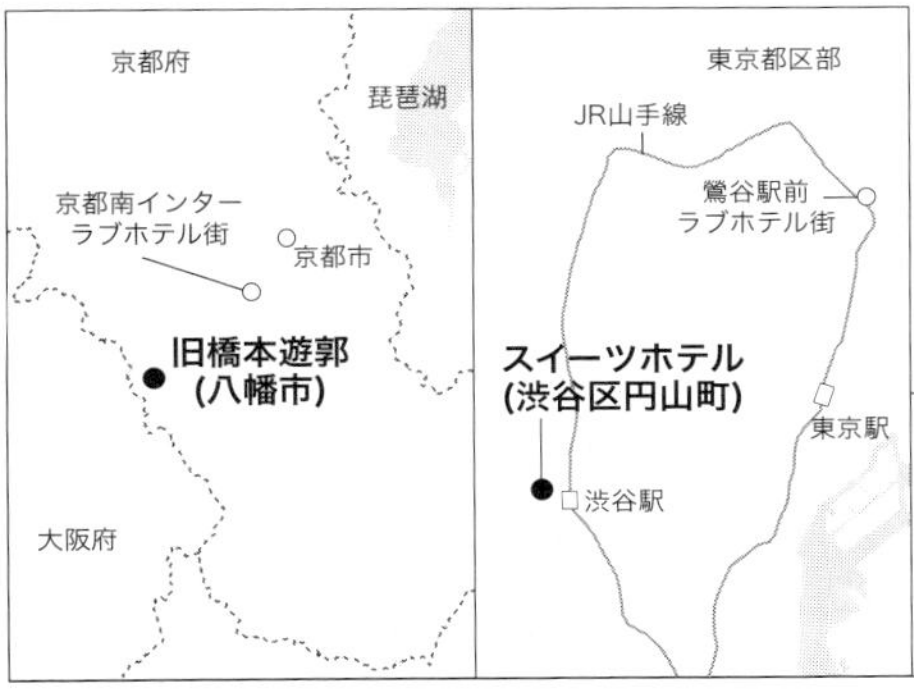

スイーツホテル渋谷店へは、JRや地下鉄、私鉄各線の渋谷駅から徒歩約7分、京王井の頭線神泉駅から徒歩約3分。周囲は渋谷円山町のラブホテル街。
旧橋本遊郭へは、京阪本線橋本駅から徒歩すぐ。名神高速道大山崎ICから車で約15分。

そこは「本質的に不健全」な場とされた。とにかく国はそう主張し、だからどんなにコロナ禍で困窮しようが、潰れかけようが、ラブホテル業者は持続化給付金の支給対象外になった。

「不健全ねぇ。需要があって、納税もしている。ひどい職業差別ですよ」

話すのは全国で約七〇のラブホテルを運営する「ベストディライトグループ」（本社・大阪市）の桝村健右《ますむらけんすけ》代表。同社がコロナ禍の二〇二一年にオープンさせた店舗を訪ねた。部屋に入ってまず目に飛び込むメリーゴーラウンド。キャンディーが大木にぶら下がり、壁にはチョコレートやケーキがちりばめられ、そんな色とりどりのスイーツオブジェに囲まれて豪華ベッドが二台。セックスだけじゃなく、誰もが楽しめ寝る暇なく遊べる場所にしたいと、桝村さんはエンタメ要素をさまざま取り入れたラブホを仕掛ける。室内にウォータースライダーがあったり、恐竜が出迎えたり、ターゲットは旅行客から子連れファミリー、ビジネスマンまでと幅広い。訪ねた「スイーツホテル」は〝密〟にならず食事やカラオケが楽しめることから複数人数での女子会利用もあるそうだ。明るく楽しげな見た目だけではない。このラブホ、目指すものが本質的に開放的で健全なのである。

コロナ禍での性風俗産業

ラブホ業界もコロナ禍によって大打撃を受けた。飲食店への営業自粛要請で〝夜の街〟に人が消え、連動してラブホの集客も落ち込んでいく。桝村さんのグループでは都市部での収益が約七割減った。ラブホはロビーなどの共用部分が少なく隔離された密室構造であることから、対感染症への安全度をアピールして「巣ごもり飲食」に応える企画などで挽回を図ったが、長引く〝自粛〟の前では限界があった。潰れた同業者の話はいまだ桝村さんの耳に入るという。

ラブホは現在、風俗営業法と旅館業法のどちらかの法律の下で営業している。「専《もっぱ》ら異性を同伴する客の利用施設」として届け出義務がある風営法下（店舗型性風俗特殊営業四号営業）のラブホに対し、旅館業法下のそれは昨今は「レジャーホテル」と称し、フロントでの対面接客といった細かな要件はあるものの、風営法の規制を受けずにラブホ同然の営業をする宿泊施設になる。

JR鶯谷駅（東京都台東区）の駅前は、周辺一帯にたくさんのラブホテルが集まる都内有数の〝ラブホ街〟。コロナ禍でもっとも疲弊した〝夜の街〟の一つだが、ほとんどのラブホ業者が持続化給付金や「GoToトラベル」の対象外にされた。

名神高速道路の京都南インターチェンジ近くには、30軒以上のラブホテルが隣り合って建ち並ぶ。ラブホ街としては関西最大級。郊外にラブホテルが集中するわけには「規制が厳しい市内中心部から外に追いやられた」とも言われる。

持続化給付金は風営法下の、いわゆる「四号営業ラブホテル」が支給の対象から除外された。桝村さんのところは業態転換を進め九割が旅館業法下のラブホ（＝レジャーホテル）だった。しかし、「業種を言った途端にアウト」（桝村さん）と全店舗で持続化給付金は受け取れなかった。法的には可能でも、ラブホテル業という仕事そのものが不支給の規定だと担当者から伝えられた。

風営法下で営業する他の性風俗店も同じだった。セックスワーカーが給付金の対象外なのは法の下の平等に反すると、デリバリーヘルス（派遣型風俗店）の会社が国などに給付金支払いを求め訴訟を起こすが、二〇二二年年六月、東京地方裁判所は原告の請求を棄却。被告の国がその法廷で持ち出したのが性風俗業は「本質的に不健全」の主張だった。東京地裁は、国の主張は「大多数の国民が共有する道徳観念に照らし」妥当で、公金を支出しないのは差別に当たらないとした。

「まともな職業ではないと烙印を押されたようです」と即日控訴した原告代表のデリヘル経営者は法廷で声を震わせる。

「大多数の国民、どこの誰やねん」

（上）京と大阪を結ぶ街道の宿場町で、遊郭として栄えた橋本（京都府八幡市）。現存する旧橋本遊郭の妓楼の一つが「多津美旅館」だ。装飾を凝らした独特の建築様式は当時をしのばせる、もはや歴史的空間。昭和にはダンスホールもあって、玄関を入ると社交ダンスをする男女のステンドグラスが目を引いた。（下）かつて妓楼が並んだ旧橋本遊郭の本通り。夜になると「男の川」と呼ばれるほど客で溢れたという。にぎわいは消えても色街の面影をかすかに残す街。

とラブホ経営の桝村さんも憤る。性風俗事業者の除外を合憲とした一審判決の根拠「大多数の国民が共有する道徳観念」が、二審では新たな争点になった。

遊郭があった昔から

「なにしろ〝哀しい女町〟ですからね。口を閉ざさはる人が多い。私も家業を学校で言えず、ずっと自分を卑下して生きてきました」

売春防止法の完全施行(一九五八年)までは公娼制度があり、遊郭と呼ばれる場所が全国にあった。話を聞いたのは京都府八幡《やわた》市の「旧橋本遊郭」で親が妓楼《ぎろう》(貸座敷)を経営していた女性。江戸時代に始まり最盛期には約九〇の妓楼に七〇〇人近い娼妓《しょうぎ》を抱えた橋本遊郭だが、往時の妓楼建築がいまも十数軒残り、最近それらを巡るツアーが人気らしい。女性は頼まれて見学者に話す機会があるそうで、遊郭の内側から語られる貴重な風景や心情に多くが熱心に耳を傾ける。遊郭で育った彼女は子どものころ見た「遊女さん」たちの思い出も話す。

「悲哀ばっかりではない。親のために自分が働いて支えるという自負が強かったように感じる。世間が思う虐げられた姿とは違う」

ふと「大多数の国民が共有する道徳観念」というやつが頭をよぎった。誰が遊郭を〝哀しい女町〟にし、なにが妓楼生まれの女性を卑下させ苦しめたのか。ひょっとしたらここでも「大多数の国民が共有する道徳観念」が人を裁いているのかもしれない。実際に見ているものとは別の得体の知れない世の空気、表立っては口にしないセックスワーカーへの差別意識、それがコロナ禍で炙り出された「道徳観念」の正体だったりするのかも。

性風俗事業者がコロナ禍救済の対象外になった理由に、国は過去の災害時にも公的補助から同事業者を外したことを挙げた。はたしてこの前例はいま困っている人を救わない理由になるのか。繰り返される排除が「大多数の国民が共有する道徳観念」に依るものなら、その道徳観念こそ「本質的に不健全」な気がする。

(二〇二三年六月九日掲載)

《追記》「セックスワークにも給付金を」訴訟の控訴審は二〇二三年一〇月に判決があり、一審の決定を踏襲して原告の完全敗訴に。二〇二四年現在、上告審に係属中。

暴動は男の顔をしていた

日比谷焼き打ち事件

近代国家へと歩み出す日本で噴出した〝国民〟の暴力だった。
数万人の群衆が暴徒化し、3日間で死者17人。負傷者約2000人。
各所で火の手が上がり、警察施設などへの投石、放火、打ち壊し。
東京が騒然となった120年前の都市暴動はどんな顔をしていたのか。

日比谷焼き打ち事件の当日に封鎖され、警察と群衆の衝突が始まった日比谷公園「日比谷門」。当時はこの門のすぐ外に、暴徒が襲撃した内務大臣官邸が見えていたはず。現在は跡地に帝国ホテル（右奥）などが建っている（スローシャッターで撮影した写真を合成）。

日比谷公園へは、地下鉄の霞ケ関駅や日比谷駅からすぐ。JR および地下鉄有楽町駅から徒歩約8分。
旧國民新聞社へは、JR 新橋駅から徒歩約2分、日比谷公園から徒歩約10分。社屋があった場所は現在の銀座8丁目の並木通り周辺。
カトリック本所教会へは、地下鉄浅草線本所吾妻橋駅から徒歩約11分、JR 総武線錦糸町駅から徒歩約16分。都バス「石原三丁目」下車すぐ。

そこには公園を埋める群衆がいた。コロナ禍で中止が続いていた日比谷公園（東京都千代田区）での盆踊り大会だが、二〇二三年夏の園内は多くの人々でごった返し、四年ぶりの祭りを楽しむたくさんの笑顔が並ぶ。にぎわいと活気。人が群れ盛り上がる風景には、どこか圧倒されるような〝熱〟を感じる。

都心のビル群に囲まれた日比谷公園は人が集いやすい立地と広さだ。開園はおよそ一二〇年前。日露戦争の開戦前年である。皇居に近いこともあって、日露戦争での戦果が伝わると日比谷公園では戦勝祝賀の催しがたびたび行われ、人々は喜びに沸き立った。この公園は誕生当初から群衆を作り出す場として機能し、ある種の熱を呼び込む舞台であったのかもしれない。

開園二年後、一九〇五年九月五日も日比谷公園には群衆が生まれていた。日露戦争の講和条約（ポーツマス条約）に反対する人たちによる集会だった。渦巻く熱の主体は楽しさや祝賀気分から一転して抗議や憤りだ。政権批判の不穏から警察は集会の禁止を決め公園を封鎖したが、囲む数千から数万の群衆と衝突。参加者の一部が園内になだれ込み三〇分ほどの集会は終えたものの、人々は散会せず、高まった怒気が公園外へ流れ出す。「日比谷焼き打ち事件」と呼ばれる大衆暴動の始まりだった。

移動し伝播した暴力

戦費を賄う増税に兵役など、日露戦争は日本人に多大な我慢と犠牲を強いた。しかし、勝利の見返りに得られるはずの賠償金はなく、講和を決めた政府への強い不満が少なからず世間には漂っていた。

公園を出た群衆はいくつかに分かれた。『君が代』を奏し皇居へデモ行進する一団。通りを挟んで建つ内務大臣官邸に乱入、放火におよぶ人々。そのすぐ南にあった國民新聞社へ矛先を向ける者もいた。当時の新聞がこぞって日露戦争での日本軍連勝を伝え、続く講和条約の内容を厳しく非難する中、國民新聞だけが政府支持の論調だったため〝御用新聞〟とみなされ襲撃された。

居合わせた警官の報告には「紳士、紳商、学生、職工、土方、人力車夫等社会ニアラユル各種ノ人物」が街頭を占拠し「皆ナ殺気ヲ帯ヒ」ていたとある。「殺セ」と叫ぶ集団に警官は抜剣し制圧を試みるも、この行為が人々の怒りにいっそう火を付け、警察署や交番の焼き打ちに、

日本初の近代的洋風公園として造られた日比谷公園（東京都千代田区）。2022年8月に行われた「丸の内音頭大盆踊り大会」の来場者数は約4万人で、〝日比谷暴動〟の引き金になった日露戦争の「講和条約反対国民大会」に集まった数とほぼ同じ。

かつて國民新聞社があった銀座周辺（東京都中央区）。日比谷公園からの暴徒が押し寄せた通りはこの日、週末恒例の歩行者天国になっていた。外国人観光客などもたくさん訪れ、さまざまなの人たちが楽しそうに闊歩していた。

路面電車の破壊といった、群衆側の過激な暴力行使へと発展していく。

あの日の群衆の足取りを追って現在の日比谷公園から、國民新聞社があった銀座周辺、さらに警察署が焼かれた京橋へと歩く。そこはオフィス街であり、繁華街であり、すぐに著しい人の往来に出くわす。当時もいまと変わらない東京の中心地。暴動は多くの人に出くわし、出くわした多くが暴動に巻き込まれ、ときに参加していった様子も容易に想像できる。群衆は街頭に出た途端にさらなる群衆に膨らんだ。この都市暴動の特徴は、政治集会に端を発した集団が人員を変えながら暴力行為を広範囲に伝播させた点にある。政治的主張をする個人が群衆となり、群衆は移動しつつ離合し増殖し、止められない暴徒へと変容したのだ。

もっと言うと、後から加わった中には暴動発生の経緯など知らぬ者も多数いた。そもそも人々はギリギリの勝利という日露戦争の実態を新聞報道で知らされていない。報道機関にすれば国や軍が情報を秘匿したという言い分はあろうが、どちらにしても不満を抱く世論は誤った情報、〝フェイクニュース〟によって煽られ醸成されたも

（上）日比谷焼き打ち事件の暴動被害を受けた教会の一つで、140年以上の歴史がある「カトリック本所教会」（東京都墨田区）。放火され焼け落ちた聖堂は同じ場所にすぐに再建された。背後には東京スカイツリー。関東大震災や東京大空襲でも大きな被害を受けた東京の下町にある。（下）日比谷公園での「丸の内音頭大盆踊り大会」。

のだった。引き起こされた暴動においても正確な情報を持たぬ民衆が加わり暴れ、〝炎上〟すればするほどそのこと自体が不特定多数の人をまた吸い寄せた。

教会を襲った「国民」

街に出た群衆は口々に「国民のお通りだ」と叫んだそうだ。日露戦争で日本人に芽生えた国家を構成する「国民」の自覚。日比谷焼き打ち事件は「国民」の権利拡大を目指す「大正デモクラシー」の起点との評価もあるが、一方で、自国対他国という意識から、暴れる「国民」は排外主義の一面をのぞかせる。

翌九月六日、浅草で始まったキリスト教会への襲撃は一三か所におよんだ。おもな理由はキリスト教徒が敵国ロシアの手先だとの誤解だ。フランス人が神父だったカトリック本所《ほんじょ》教会（墨田区）も聖堂などが放火され全焼した。この事件を機に同教会は日本人神父へ交代になるのだが、現在の豊島治《おさむ》神父は、

「誰かを怒りの矛先、スケープゴートにする。いまの時代もそうです。いじめの構造と同じ。繰り返される」と教会が経験した過去の悲劇と、ネットが大衆を煽動する現代社会との符合を言う。

群衆暴力の根底に「男らしさ」というジェンダー規範の存在を指摘する考察もある。公園での集会を含め、暴動参加者は大半が男だった。高額納税者の男性のみに選挙権が与えられ、有権者は人口の一～二パーセントという時代。特に若い男性労働者には「劣等感・疎外感・反逆性・承認願望などが無自覚に混濁したまま渦巻いて」（藤野裕子著『都市と暴動の民衆史』有志舎）、それが暴力の源泉になった。仮に冒頭の盆踊り大会、選挙権のない働き盛りの男たちの鬱憤で埋め尽くされていたとしたら、いまならその群衆光景の異様さにたじろぐ。

明治天皇は六日深夜に戒厳令を出し、暴動鎮圧のために軍隊が出動。民衆が振るう暴力は、国家が有するはるかに強大な暴力で、翌七日に急速に沈静化した。

（二〇二三年一〇月一三日掲載）

《追記》 日比谷焼き打ち事件以降の東京では「米騒動」など大衆暴動が相次ぎ、市民の「自警団」結成が進む。そして関東大震災（一九二三年）。その自警団による朝鮮人虐殺は、都市に住むフツーの人々の暴力だった。

美しき苦難の伝承

津和野「乙女峠」

長き弾圧に屈せず、流刑地でも心の自由を守り貫くキリシタン農民。
世界史上に類がない闘いの記憶がひっそり語り継がれた。
宗教心にとどまらない、日本における近代的人権の萌芽の記録は、
山陰の小京都・津和野で清らかな巡礼の姿になって伝わる。

聖母マリアを連想させる「乙女峠」（島根県津和野町）。「乙女峠まつり」では隣県の高校生がマリア像を担ぎ険道を登る。津和野城主の娘が埋葬された乙女山が、キリシタン迫害の歴史をつづった永井隆の『乙女峠』の出版もあってこの名で呼ばれ始めたそうだ。

乙女峠へは、JR山口線津和野駅から徒歩約20分。乙女峠まつりは5月3日。町内のカトリック津和野教会から聖母行列が出発する。
浦上天主堂へは、JR長崎駅からバスで約15分、「浦上天主堂前」下車。路面電車の「平和公園」下車、徒歩約8分。

それは美しい風景だった。白いベールと祭服を身にまとった八人の少女が、花に包まれた白い聖母マリア像を担ぎ森の中を一途に登って行く。新緑の山道は木もれ日が降りそそぎ、ときおりスポットライトのように道行を照らしなんとも神々しく浮き立たせる。マリア像の前後にはたくさんの人が続く。長い行列が目指すのは「乙女峠」。瓦屋根の美しいマリア聖堂がたたずむ場所。

およそ一三〇〇人のキリスト教信徒が集まり、聖堂の横ではやがて野外ミサが始まった。

「津和野に流された一五三人のうち、殉教を遂げた三七人の証し人《あかびと》を顕彰し彼らの信仰にならいたいと思います」

カトリック教会の司教はそう静かに語りかける。キリストの教えを守り、信仰を示し伝える「証し人」。その聖なる遺徳に接するために人々は遠方よりこの地を訪れ、祈っていた。島根県の山あい、津和野町で毎年五月三日に行われる「乙女峠まつり」は、ひそかに国内最大級のキリスト教の巡礼行事であるらしい。

迫害の「旅」

江戸時代、禁教だったキリスト教の潜伏信徒が大量に見つかり検挙されることは「崩れ」と呼ばれた。浦上村《うらかみ》(現長崎県長崎市浦上地区)で一八六七年に起きた「浦上四番崩れ」は最大規模で、村民約三四〇〇人が捕らえられ、さらに江戸幕府からキリシタン禁令を引き継いだ明治新政府によって全国二二か所に流罪となった。

国学研究が盛んな土地柄の津和野藩には、指導的な立場の者と、より多くの信徒が送られた。神道の国教化を進める明治政府で宗教政策を担う藩主の亀井茲監《これみ》は、キリシタンたちに対し単なる棄教ではなく強く神道改宗を迫り、言葉での説得から水責め、氷責め、食事を与えない、狭い三尺牢への閉じ込めと、改宗を拒む多くの者への拷問をエスカレートさせる。

責苦に屈せず、命を賭して自己の信仰を守った「乙女峠の証し人」の姿は、宗教的な尊さと同時に、人間の尊厳そのものを示すものだった。カトリック津和野教会の主任司祭・山根敏身《としみ》さんは、

「私は憲法記念日に(乙女峠まつりが)行われることに意味を感じています。無学のキリシタン農民がどうして信念を貫けたのか。乙女峠で命を捧げた人たちに学ぶことは、信教の自由や人権の大切さを考えることになる」

明治の初め、浦上から津和野に流配されたキリシタンたちは山中の仏寺に幽閉され、過酷な拷問を受けた。殉教者たちの遺骨が眠る寺の跡地を、昭和になってカトリック神父が購入し「乙女峠マリア聖堂」を建立。追悼の場へと整備した。

木造のマリア聖堂。中に入ると壁に飾られた美しいステンドグラスに目を奪われる。聖堂を建てたネーベル神父は津和野教会に赴任する前は広島にいて、原爆被害を目の当たりにした。「悲劇の歴史を語り継ぐ」という思いも強く感じる場だ。

と、乙女峠の殉教者がもたらす価値と、彼らをしのび七〇年以上前から続く巡礼に思いを寄せる。

宗教弾圧の事実は当時日本にいた外国人宣教師や外交官を通して海外に伝えられ、諸外国から厳しい批判にさらされた。明治政府はやむなくキリスト教を表向きには公認し、津和野に流されたキリシタンたちも一八七三年に浦上への帰郷が叶う。信徒たちはこの約五年の流罪を「旅」と呼ぶ。思想信条の自由を守った彼らの「旅」は西欧列強からも強い関心を呼び、日本に民主主義が芽吹く上での特筆すべき出来事だったはずだ。

肌で感じる伝承

杉本文子《ふみこ》さんは今年（二〇二四年）も長崎県佐世保市から津和野に足を運んでいた。カトリック信徒で、浦上四番崩れで母方の先祖が金沢へ送られたのだそうだ。

「ここは特別です。自分の歴史を知ることでもあるし、魂が清められる癒やしのスポット。マリア様が出現した奇跡の場所ですから」

乙女峠のマリア聖堂に入ると壁に八枚のステンドグラスが飾られていた。それぞれがこの地で起きた迫害の歴

（上）「三尺牢に入れられた安太郎の前に青衣の美しい婦人が現れた」との逸話から、乙女峠には聖母出現を表すモニュメントが置かれ、人々は祈りを捧げる。（下）カトリック教会浦上天主堂（長崎県長崎市）と、旧外壁前に立つ3体の被爆聖人像。宗教弾圧と原爆・戦争という苦難の歴史を刻む浦上の地からは、信徒が毎年乙女峠の巡礼に訪れる。今年参加のひとりは「先祖の墓参りです」と話した。

史を物語るが、「安太郎《やすたろう》三尺牢で聖母マリアのまぼろしをみる」との一枚には、拷問中に降臨した聖母マリアとの邂逅が美しく、感動的に描き出されていた。ミサの場で司教は言う。

「まさに目に見えないものにこそ真理が宿り、それゆえにその存在のために命を懸けたのです」

乙女峠でのこうした〝奇跡〟、拷問や殉教の詳細は長らく語られなかった。津和野藩は過去を消し去ろうとキリシタン流配の記録を処分し、長崎に戻った信徒も消えぬ偏見の中で「旅」を積極的に口にしなかった。リーダー格の守山甚三郎が紙きれに書き留めた忘備録はあったものの、流配者たちが抱える記憶の貴重さを周囲が知り、記録に残そうとするのはだいぶ後、彼らの多数が鬼籍に入ってからか、またその間際になってのことだ。

見えないものの伝承に、見えるもの、肌で感じられる事象が一助となる場合は少なくない。マリア聖堂は「旅」の約八〇年後の一九五一年に建てられ、その翌年から乙女峠まつりが始まるが、「証し人」の物語はこれにより広く現代に伝わる。そして、継がれた記憶は、神の奇跡は、殉教者が示した信仰の道は、過酷な歴史であればあるほど崇高で、ある種の美をまとった。受難を再現する山道の聖母行列は、かくも美しき伝承風景となった。

最後にキリシタン弾圧の震源地である浦上のいまに触れておく。「長崎と天草地方の潜伏キリシタン関連遺産」は二〇一八年に世界遺産登録されるが、「旅」から帰った信徒たちが建てたカトリック教会浦上天主堂はそこに含まれてはいない。長崎に投下された原爆で倒壊し、戦後改築された同天主堂は「建て直し」を理由に除外されたと言われている。そもそもこの「建て直し」は、被爆遺構を撤去したいアメリカの意向との噂が地元長崎では当時からあったそうだ。「受け継ぐべき大切なものは目に見えなくてもそこにある」。乙女峠のミサで聞いた司教の説教を思い出した。

（二〇二四年七月一二日掲載）

《追記》三七人の「乙女峠の証し人」を、信者の崇敬対象である「福音」、さらに最高の「聖人」に認めてもらう活動が現在進行している。津和野を管轄するカトリック広島教区は認定に向けての調査を開始し、今後はその結果と合わせローマ法王庁へ申請していく。

逃げずにはいられない

白鳥《しらとり》由栄《よしえ》と「博物館網走監獄」

天才脱獄魔はついに流刑徒刑の地、北海道網走に送られる。
男はここでも脱獄を果たし、実話を元に小説やドラマも生まれた。
法治社会を支える、人が人を拘禁する刑事司法システムの中で、
〝脱獄〟という特異点に描き出された人間ドラマに触れてみる。

網走集治監時代から72年間使われた網走刑務所の旧舎房。白鳥由栄もいたその建物の一角に彼自身の人形がある。「今日も元気に脱獄してます」とは見回り中の職員。舎房は5棟が放射線状に建ち、この第4舎に白鳥は入れられた（北海道網走市「博物館網走監獄」）

博物館網走監獄へは、JR 石北本線および釧網本線の網走駅からバスで約10分。女満別空港から車で約20分。
東京拘置所（旧小菅刑務所）へは、東武伊勢崎線小菅駅から徒歩約10分。
府中刑務所へは、JR 武蔵野線北府中駅から徒歩約10分。

そこはあえて、誰もが逃げ出したくなる場所にしたようだ。「集治監《しゅうちかん》」の名で政府直轄の大規模監獄が北海道網走村に作られた一三三年前（一八九一年）、設置者である国は、

「監獄ノ目的ハ懲戒ニアリ（略）堪へ難キノ労苦ヲ与へ、再ビ罪ヲ犯スノ悪念ヲ断タシムルモノ」（内務卿・山縣有朋の県令への訓示）

と、受刑者をひたすら過酷な環境へ追い込むことを施設の存在意義にする。

重罪人を「内地」から排除隔離できることと、囚人の労働力で未開地の開拓を図ることとで、北海道には集治監の設置が集中した。また、たとえ脱獄しても酷寒の風土が逃走の妨げになる自然条件も大きかった。なにしろ逃げたくなる労苦を与えながら、けっして逃亡を許さない厳重な拘禁機能を有し、それを遂行するのもまた施設の存在意義である。湧く逃亡への欲求を常に打ち砕く空間であらねばならない。

そんな場の相剋を、北海道の、ことさら網走に置かれた〝最果ての牢獄〟は、明治の開拓期以来ずっと引き受けてきた。

繰り返した脱獄のわけ

無期懲役犯の白鳥由栄は、一九四四年八月二六日に網走刑務所（網走市）の牢を破った。暴風雨の夜、独居房から忽然と姿を消したそうだ。

後に明かされた手口によれば、まず三か月間毎日、扉の視察窓に味噌汁を垂らし鉄格子を腐食させ、決行日は手錠のボルトを歯で抜き、両肩の骨をはずし、頭から視察窓に突っ込み一気に獄舎外へ、塀の外へと逃げ去ったという。周到で気の遠くなるような準備期間とは裏腹の正味二〇分の脱獄劇だった。

網走刑務所近くにある「博物館網走監獄」には、「集治監」から「監獄」「刑務所」と改称しながら昭和末期まで使った建物が移築、保存されている。いまや網走を代表する大人気の観光スポット。そんな本物が醸す重苦しい空気さえ漂う旧獄舎内の天井を見上げると、ふんどし姿の囚人が天窓を目指し梁を登っていた。まさに脱獄中の白鳥の姿を再現した人形である。

「生き地獄の生活だったな。網走にいると本当に殺されると思って」

と白鳥自身が生前に脱獄理由を語っている（斎藤《さいとう》充功《みちのり》

博物館網走監獄の表門「赤レンガ門」前では看守の人形が人々を出迎える。国の重要文化財に指定された歴史的建造物とともに、囚人を過酷な道路工事に従事させた北海道開拓史の暗部を紹介するなど、負の遺産観光としても見る価値がある場所だ。

博物館網走監獄は1983年の開館以来、囚人の環境が体験できると好評だ。最近は人気漫画『ゴールデンカムイ』でストーリーの鍵を握る場所として網走監獄が描かれ、白鳥をモデルにした人物も登場することから〝聖地巡礼〟効果で来場者が増加。

著『日本の脱獄王 白鳥由栄の生涯』論創社）。厳冬期でも単衣、夏は厚い綿入れを着せられ、手足を拘束されたまま房中に「イモ虫みたいに」転がされた。特製の錠はほとんどはずされず、手足は傷つき膿み、やがてそこからウジがわいたそうだ。

刑務所側が施したこの異常なまでに体の自由を奪う対応は、白鳥の脱獄を警戒してのことである。彼は稀代の脱獄魔だった。網走に送致される前の青森、秋田の二つの刑務所において、およそ不可能と思われる状況下での脱獄を続けざまに遂げていた。秋田刑務所では、

「できるもんならやってみろ」

と看守に言われ、その言葉に反発するように獄を脱してみせた。

強靭で特殊な身体能力もあったが、それ以上に白鳥の脱獄を支えたのは強固な意志である。どの脱獄も彼に通底するのは刑務所のひどい扱いに対する憤りや横柄な看守への憎悪だ。秋田刑務所を脱走した白鳥は徒歩で東京に向かい、かつて服役した小菅《こすげ》刑務所（葛飾区、現東京拘置所）時代の看守長、小林良蔵の前に姿を現す。それは秋田刑務所の実情を伝え、処遇改善を司法省に直訴す

（上）実際に白鳥が入った第24房（博物館網走監獄）。約3畳の独居房で、扉には「視察孔」と呼ぶ、囚人を監視する窓が取り付けられている。破壊されない工夫を凝らした鉄格子なれど、白鳥は網走刑務所の歴史でただひとりここを壊し、脱獄した。（下）高さ5.5メートルの塀に囲まれた府中刑務所（東京都府中市）。白鳥はこの塀を不法に越えることなく1961年に仮出所となった。この7年後に起きたのが「三億円事件」。同刑務所北側の塀前があの有名な現金強奪の現場だ。

るためだった。後に白鳥は言う。
「色々世話になった小林主任ならちゃんと話を聞いてくれると思い、それだけを信じて脱獄をしたんだ。目的はただそれだけだった」

脱獄に映る人間模様

網走刑務所を脱獄後、六六五日間に渡った北海道内での逃避行を経て白鳥は逮捕される。しかし、収監された先の札幌刑務所も一か月で脱獄してしまう。逃亡中に犯した殺人で死刑判決を受けたことへの不満と恐怖心からだった。実に四回目の脱獄である。そして、二九五日の逃走後に再逮捕された白鳥は、府中刑務所（東京都府中市）で服役となり、もう〝五回目〟はなかった。白鳥は府中刑務所入所時の鈴木英三郎所長について、
「俺にとって恩人なんだ。それは俺を人間として認め、扱ってくれた人だからだ」
と話している。白鳥は府中刑務所では逃げないことを約束し、模範囚になった。厳重な特別房を前に脱獄をあきらめ観念したか、改心更生したのかはわからない。ただ、真面目な服役態度が認められて、入所一三年後に仮出所となる（殺人罪は控訴審で取り消され、傷害致死罪になっていた）。

白鳥の足跡を追うと、囚人と看守のせめぎ合い、人間同士の生々しいやり取りが浮かび上がる。彼の脱獄は刑務所内の人間模様を色濃く反映していた。

博物館網走監獄には白鳥と並べて、もう一人の脱獄常習犯の展示がある。通称「五寸釘寅吉《とらきち》」。五寸釘を踏み抜きながらも逃走した西川寅吉は明治時代に六度の脱獄を成功させた人物だが、最後に送られた網走監獄ではもっとも信用ある囚人が就く表門の清掃係となり、高齢を理由に刑も停止になった。彼の脱獄人生もまた人間同士の特別な関わりの上にあった。博物館を訪れる人々はそんな「二人の脱獄王」の物語に興味津々。ここでは「脱獄」は立派な観光資源なのである。

近代以降の日本において、脱獄しても逃げ切った例はほぼない。でも逃げ出す行為は後を絶たない。ちなみに、海外逃亡した日産自動車元会長カルロス・ゴーン被告は保釈中の逃走なので脱獄ではなく、逃亡罪も適用外。白鳥の脱獄は受刑者の処遇を見直すきっかけになったが、このゴーン被告の件からも、保釈された刑事被告人が逃

走する危険性、また「人質司法」と呼ぶ長期勾留など司法制度の問題が指摘され、法改正の議論が起きた。白鳥は大言している。

「人が造ったものは必ず壊せる」

人間の手で創出されたものには、きっとどこかに欠陥や抜け穴がある。そして、人は、人だから、その穴を懸命に見つけ出し、懸命にふさぐ。

（二〇二四年九月一三日掲載）

《追記》まだ記憶に新しい「脱獄」に、二〇一八年に愛媛県今治市で起きた、松山刑務所大井造船作業場（以下、大井作業場）からの脱走・逃亡事件がある。

当時二七歳だった受刑者の男は脱走後、しまなみ海道で繋がる瀬戸内海の向島《むかいしま》（広島県尾道市）にしばらく潜伏。さらに泳いで本州側へと渡り、最後は広島市の路上で警察官に見つかって逮捕となった。その間およそ三週間。大量に投入された捜査員の目をかいくぐって、向島では空き家の屋根裏に身を隠しながら現金や食料の窃盗を繰り返し、けっして穏やかではない尾道水道を身体一つで泳ぎきり、広島では盗んだ健康保険証を使って街な

白鳥が秋田刑務所の前に収監された小菅刑務所は現東京拘置所（東京都葛飾区）。秋田を脱走後、白鳥は小菅時代に信頼を寄せた看守に劣悪な処遇を訴える一念でこの地を目指し、周囲の職員官舎を訪ね歩いた。

かのインターネットカフェに潜むなど、その奇想天外な逃走劇は人々の注目と関心を集めた。

また、事件が起きた大井作業場が受刑者に一定程度の行動の自由を認める「開放的処遇施設」、いわゆる〝塀のない刑務所〟だったことも話題になった。ここは全国約五万人の受刑者にあって、特に生活態度が良好で更生意欲が高く、まずもって逃走の危険性がない模範的な数十人しか入所できない。大井作業場のほかは網走刑務所二見ケ岡《ふたみがおか》農場（北海道）、市原刑務所（千葉県）、広島刑務所有井《ありい》構外《こうがい》泊込《とまりこみ》作業場（広島県）と現在国内に4か所だけ。当然、この逃走犯も〝模範囚〟である。大井作業場には前年の一二月にやって来たばかりだった。

大井作業場は民間造船会社の工場内にあり、一般の刑務所のような高い塀はなく、受刑者の居室に鍵も鉄格子も取り付けられてはいない。目指しているのは、一般社会に近い環境下での生活や職業訓練によって、受刑者の社会適応力を高め、近い将来の出所に備えること。実際、大井作業場は出所後に再び刑務所に戻る「再入率」が全国平均に比べ格段に低い。

しかし、そんな場所でも「脱獄」は起きた。そんな場所でも逃げ出したくなる理由があった。事件を受けて法務省が作成した調査報告書では、原因の一つとして、施設内に存在した特殊な人間関係への言及がある。大井作業場には受刑者の自発性を養う目的で「自治会」という組織が設置され、受刑者自身に生活や仕事上の運営が委ねられていた。だが、次第に自治会長を頂点とする上下関係が受刑者間に生まれ、ルールを破った者へ上位受刑者が懲罰的な腹筋運動など強要する事例もあった。今回の逃走受刑者においても、他の受刑者からの叱責が「大きな挫折感や失望感を抱かせ、逃走を決意させる大きな要因となった」と指摘している。

実社会に近い環境ゆえに、そこには実社会にある複雑な人間関係も生まれ、色濃く存在していたのかもしれない。捕まったらさらに刑罰が重なる脱走。刑期満了も近かったろうに、リスクを冒してでも決行した彼の「脱獄」の理由は、塀の中の特殊な人間関係ではなく、塀の外にあるような日常の人間関係だった。〝シャバ〟に渦巻く妬《ねた》みや嫉《そね》み、イジメや差別といった、人間同士の理不尽な関わり合いにどうにも我慢ならなかったのだろう。

V　生命と悲しみの記憶

「孤独の道連れ」より

「神の手」が残した「原人」

前期旧石器捏造事件

太古の石器を相次ぎ発掘することから「神の手」と呼ばれた男。
捏造が暴かれるまで日本各地には「原人ブーム」が巻き起こった。
彼がいなければ生まれなかっただろう菓子を味わいながら、
彼が残した苦い教訓を噛みしめる旅に出ることにした。

現在はメガソーラーに変貌した、日本最古の前期旧石器遺跡とされた「上高森遺跡」の跡地（宮城県栗原市）。地元の旧築館町には遺跡発掘を機に作った菓子が現在も残る。「儚くも悠久人は夢となり／今はただただうまいの声に原人のさと」（パッケージより）。

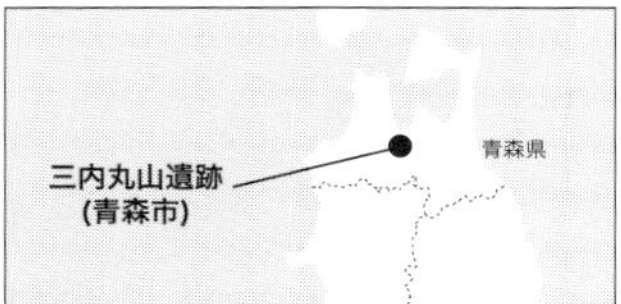

旧築館町（現栗原市）へは、JR東北新幹線くりこま高原駅からバスで約10分、仙台駅から約60分。旧上高森遺跡は築館の市街地（栗原市役所周辺）から車で約10分、東北自動車道築館ICから約8分。
岩宿遺跡へは、JR両毛線岩宿駅から車で約5分。
三内丸山遺跡へは、JR青森駅からバスで約30分、JR新青森駅から約15分。東北自動車道青森ICから車で約5分。

そこは「原人が見上げた空のある町」だった。一九九〇年代、宮城県築館町《つきだてちょう》（現栗原市）は町外れの丘陵で発掘される数々の石器に沸いていた。なにしろ見つかるのが七〇万年前の前期旧石器時代のもの。日本の考古学では、「原人（ホモ・エレクトス）」がいた時代を前期旧石器時代、現生人類である「新人（ホモ・サピエンス）」の登場後を後期旧石器時代と分け、日本には前期旧石器時代に人類が存在しないとされていた。しかし、町内の上高《かみたか》森《もり》遺跡からの出土品はそれを覆す、「日本原人」の痕跡を示す世界史上の大発見だった。

上高森遺跡は日本最古の遺跡として名を馳せ、築館町役場は冒頭のキャッチフレーズの下、原人マラソンや原人仮装コンテストなどを企画。たちまち「原人ラーメン」「原人パン」「清酒高森原人」といったあやかり商品が町内に出回り、菓子店の喜久乃家《きくのや》も「原人のさと」を作った。重ねたパイ生地を太古の地層に見立てる、店主の鈴木政彦さん渾身の作だった。

神様に憧れた神の手

「がっかりしていた、あんなことになって」

政彦さんの息子で現喜久乃家社長の政行さんがそう話すのは、原人ブームさなかの二〇〇〇年に一連の石器発掘が捏造と判明したことである。すべては藤村新一という民間の考古学研究家の自作自演だった。他遺跡で拾った石をあらかじめ古い地層に埋め、自分で掘り出す手口。上高森遺跡での彼の行為が新聞にスクープされた、世に言う「〝神の手〟旧石器捏造事件」である。

一気にしぼむ熱狂。しかしながら、喜久乃家では「原人のさと」の販売を続けた。

「父はどうしても残したいと。こだわって作った菓子職人の熱意でしょう。切ない思い出商品ですが、築館の人には地元土産にいいといまも売れ筋」（鈴木政行さん）

遺跡指定を取り消された旧上高森遺跡はもう誰も訪れやしない。二〇一八年に太陽光発電所が完成し、空を見上げるのはソーラーパネルだけ。かくして「神の手」の男は考古学界に大きな教訓を残し、町には小さな菓子が残った。「原人のさと」は包装だけを変えて、現在はこんな文言を添えている。

――悠久の夢からさめてまぼろしに／栗駒のさとにまだ見ぬ原人――

独学で考古学研究を続け、自身の発掘によって日本列島の旧石器時代の存在を証明した相澤忠洋。藤村新一が憧れた相澤の像が岩宿遺跡（群馬県みどり市）の前にある。「戦後の考古学史上最大の発見」と評された槍先形尖頭器を手にし見つめていた。

各地で起こった「原人ブーム」。栃木県の葛生町（現佐野市）で出土の原人とされた骨は〝神の手〟による発掘ではなかったが、捏造騒動を受けて再調査すると中世の人骨と判明。ただ地元は「くずう原人まつり」などの町おこし行事は続けている。

食って思った。こんな美味い菓子を作る方がよっぽど「神の手」である。さらにはなぜ藤村は「あんなこと」をしたのか。知るヒントになるかもしれない。「神の手」の男が「神様」と語った人物の物語を訪ね、北関東の岩《いわ》宿《じゅく》遺跡（群馬県みどり市）へと向かった。

相澤忠洋が「岩宿の発見」をしたのは一九四六年である。彼が縄文時代（新石器時代）以前の地層から槍先形《やりさきがた》尖頭器《せんとうき》（石やり）を見つけたことで、初めて日本の後期旧石器時代に人の生活があったと確認される。ただ、相澤の導きで岩宿遺跡を発掘した明治大学の杉原壮介助教授（当時）は、在野の研究家だった相澤を単なる「調査斡旋者」とし、功績を独占。相澤から最初に石器を託された同大大学院生（当時）の芹沢長介は杉原に反発し明治大学を去り、遺恨とともに東北大学へと移る。

東北の地で芹沢は「岩宿の発見以上」に執念を燃やした。それは後期ではない前期の旧石器を見つけ、原人の存在を証明すること。芹沢らは宮城県内の考古学者や愛好家を集めて調査を進め、同県出身の藤村も参加していた。その交流の中で藤村は前期旧石器に出会い、学者でなくても大発見を成した相澤を「神様」と憧れ境遇を重

三内丸山遺跡（青森県青森市）のシンボルで､「六本柱」と呼ばれる復元大型掘立柱建物。世界的には人の定住は農耕生活とともに始まるが、縄文人は狩猟採集生活でありながら定住し集落を作っていたという。遺跡が伝える縄文文化の精神性の高さも、世界遺産への評価に繋がったとされる。

ね、自身の立ち位置を見いだしていく。考古学の栄誉と宿怨。アカデミズムの世界に生じたダークネスの延長線上にそもそも藤村はいたのだ。

遺跡の価値を決めるもの

二〇二一年、「北海道・北東北の縄文遺跡群」が世界文化遺産に登録された。捏造スキャンダルで揺れた東北の考古学関係者にとっても積年の悲願。代表的な「三内《さんない》丸山《まるやま》遺跡」（青森市）には祝賀ムードが漂い、ガイドは〝自然と共生する平和的な共同体〟という縄文のイメージを高らかに語り、見学者が感激の声を上げていた。

「日本人は世界遺産とかに弱いから、ここにすばらしい縄文文化があったと言われると、やっぱり日本スゴいと思っちゃうな」

売店に足を運ぶと「縄文クッキー」に「縄文茶」などが並び、食堂には「縄文カレー」。遺跡の価値はそれぞれ異なり取り換えが利くと思わないが、「縄文」を「原人」に替えればかつてどこかにあった景色に似ている。

振り返れば、原人ブームでも「日本スゴい」と煽っていた。考古学の常識では言葉や埋葬という文化を得るのは新人からだが、上高森遺跡の原人はそれに相当する知能を持つ、世界でも日本列島だけの進化と驚嘆された。日本人が特別という仮説は学会がこぞって受け入れ、教科書に載り、バブル崩壊後の日本社会が熱狂する。

先史時代の考古学は日本人のルーツを探るものでもある。その探究は知の獲得とは別に、成果を競い広く喝采を浴びたいと志向した。門外漢にもわかりやすく訴求力を持つのが、世界に秀でる古代日本の発見だった。日本人の起源への学問は、いつしか国を礼賛したいナショナリズムにもてはやされ、「日本スゴい」に消費されていく。藤村は捏造までして古代人の心を掘り出そうとした。だが、彼はこっそり、現代人の心の奥底を掘り起こしていたのかもしれない。

（二〇二二年三月一一日掲載）

《**追記**》埼玉県秩父市の小鹿坂《おがさか》遺跡でも、藤村が発掘した「人の建物遺構」に捏造行為が判明。市は「秩父原人祭り」を開催し、イメージキャラクター「チプー」を作り、藤村も県知事から表彰されるなど、地元は一時期たいへんな盛り上がりを見せていたのだが……。

孤独の道連れ

無差別殺人と「拡大自殺」

人生に絶望し自殺を考え、他人を道連れにする「拡大自殺」。
実行者たちの背後にある「社会的孤立」の問題へ注目が集まる。
孤独感が殺人に結び付く無道を解し許す隙間はない。が、
深刻さを増す〈孤独〉たちの前で、また人の命が消えた。

東京屈指の繁華街・歌舞伎町（東京都新宿区）。出会いを求め人が集まり、人を吸い寄せるようにネオンが夜通し灯る。見知らぬ多くがすれ違う通りの先に、2021年5月に10代の男女が心中した場所があった。にぎやかさの裏に孤立を深めた〈孤独〉が潜む。

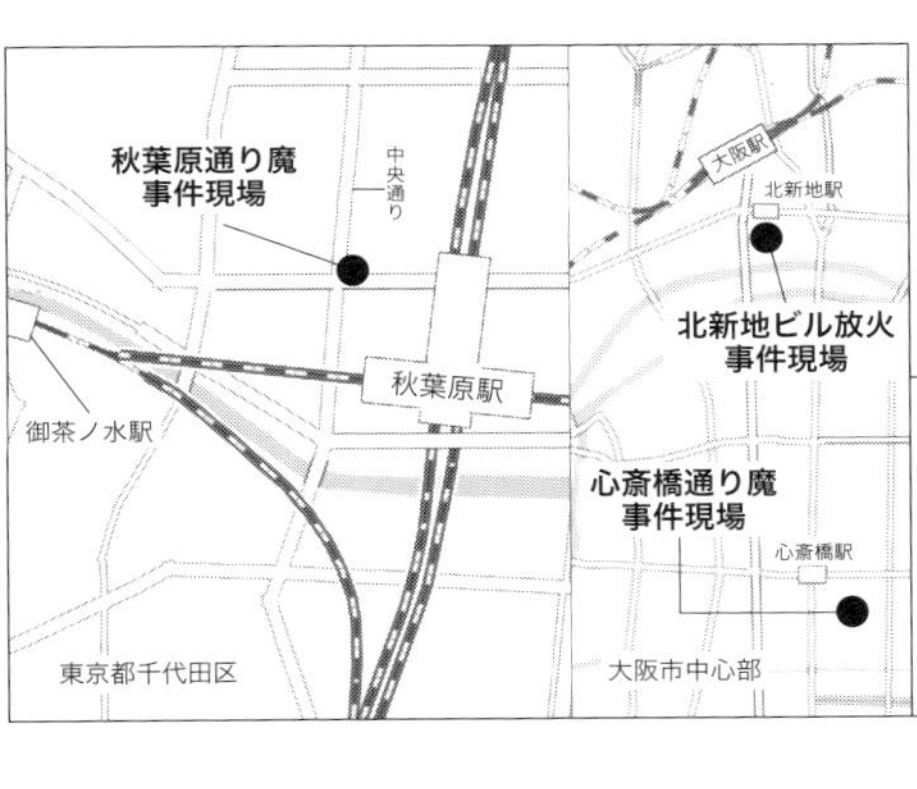

北新地へは、JR大阪駅から徒歩約10分。JR北新地駅や地下鉄四つ橋線西梅田駅からすぐ。
心斎橋へは、地下鉄御堂筋線および長堀鶴見緑地線の心斎橋駅からすぐ。
秋葉原へは、JRおよび地下鉄日比谷線の秋葉原駅からすぐ。

そこに初めて小さな花束が置かれたのは、ほんの一年前のことだった。しかし、同じ日付の今夜（二〇二二年五月一一日）、献花がなされていた歌舞伎町（東京都新宿区）の道端はなんとも殺風景に整い、事件が起きたことなどすっかり忘れ、いや、最初からなにもなかったかのように雑多な人たちが行き交う。

固く施錠された鉄門越しに見上げるると、ビルの外壁に沿って非常階段が高く高く夜の暗闇へ延びている。ちょうど一年前、一八歳の男子専門学校生と一四歳の女子中学生がそこから飛び降りたのは、あとちょっとで夜が明けるころだった。この行為のつい数時間前、二人はインターネット上で交際を宣言して、同時に自殺をほのめかす投稿も残していた。

すぐ裏手に建っているのは新宿東宝ビル。「トー横」とも呼ばれる周辺は、数年前から未成年の少年少女などが夜通し集まることで有名となり、二人が知り合った場所でもあった。いまもたむろする「トー横キッズ」のひとりが一年前のことを覚えていた。

「どこにも居場所がないからここに来る。本当はみんな孤独。せめて死ぬときは誰かと、なんて」

あの日、一つの〈孤独〉が別の〈孤独〉と連れ立って、死へと向かった。

〈孤独〉が人を殺す社会

昨今、聞きなれない言葉に出会うようになった。「拡大自殺」。二〇二一年一二月に大阪・北新地（大阪市北区）で起きた雑居ビル放火事件がきっかけだろうか。心療内科クリニックに通院中の谷本盛雄容疑者が、同院内の待合室に放火し、自身と、二六人もの人が巻き添えで命を落とした事件である。

拡大自殺とは精神医学の概念で、殺人をともなう自殺行為のことを指すそうだ。大阪の事件現場の防犯カメラには、谷本容疑者が火をつけた直後に炎の中へと飛び込む様子が記録され、見つかった彼のスマートフォンにも「道連れ」「自殺願望」などの検索履歴が残っていた。容疑者死亡で明確な動機は不明だが、大阪府警は彼が室内にいた多くの患者を道連れに拡大自殺を図ったとの見方を示している。

事件までの足取りを追うと、浮かび上がってきたのは谷本容疑者の経済的困窮と社会的孤立だった。定職を失

大阪駅に近い北新地（大阪市北区）で起きた放火殺人事件。事件現場となった雑居ビル前は、ビジネスマンなどが往来する都会の日常と、犠牲者を悼む姿が交錯する。「悲しみは消えることがない」と訪れた遺族が言葉少なに語った。

秋葉原通り魔事件は白昼、多くの人たちの目の前で起きた。事件があった6月8日が近くなると、現場近くの交差点には犠牲者の知人らが訪れ、いまなお冥福を祈り続ける。加藤元死刑囚の刑は2022年7月に執行された（東京都千代田区）

い、家族との関係が断たれたひとりぼっちの生活。ここにもまた自死を望んだ〈孤独〉がいて、他者を道連れにしたのである。

同様の凶行が近年続いている。二〇一九年の死者二人を出した川崎スクールバス児童殺傷事件も、二〇二一年の京王線刺傷事件も、二〇二二年一月の東京大学前刺傷事件も、どの事件も動機や引き金の一端に自殺願望者の孤独感や孤立感があったと識者たちは語る。

「人とかかわり過ぎると怨恨で殺すし、孤独だと無差別に殺すし」

インターネット上にそう書き込んだ三日後、加藤智大《かとうともひろ》元死刑囚は東京都千代田区の歩行者天国で見ず知らずの一七人を死傷させた。大阪の放火事件の一三年前、二〇〇八年に起きた秋葉原通り魔事件である。少なくとも過去に自殺を三回試みたとされる加藤元死刑囚は、実社会にも、より所だったネットの掲示板にも居場所を失った末、「孤独だと無差別に殺す」という勝手な理屈で最後に拡大自殺を選んだ。

孤独や貧困が社会に存在するのは、なにもいまに始まったことではない。孤独や貧困の苦しみは誰の近くに

音楽プロデューサーだった南野信吾さんは2012年、大阪市の路上で通り魔事件に遭い亡くなった。彼の命日に友人たちが企画、開催するライブイベント「MINAMINO ROCK FESTIVAL」。会場の一角には南野さんの写真が置かれ、彼を懐かしむたくさんの人が駆けつけていた（東京都新宿区）

もあって、けっして他人事でもない。ところが、それで世をはかなんで死のうと考えること、ましてや「人生がうまくいかないのは他人や社会のせいだ。だから自分ひとりではなく誰かを巻き込んで死ぬ」などという歪んだ飛躍、孤立し社会的に失うものがないと感じて犯罪を躊躇なく行う自暴自棄。現代社会はそうした〈孤独〉たちを抱えたままに、本当はずっと続いていた。

道連れにされたもの

「またかって思う」

二〇二二年六月一〇日、都内のライブハウスでミュージシャンの柳沼宏孝《やぎぬまひろたか》さんは少し顔を曇らせた。バンド仲間だった南野信吾《みなみのしんご》さんが、大阪の心斎橋（大阪市中央区）の路上で無関係の男に刺殺されたのはこの一〇年前の六月一〇日のことだった。

南野さんを含め二人を襲った礒飛《いそひ》京三《きょうぞう》受刑者（二〇一九年に無期懲役が確定）は、過去に〈孤独〉たちが起こした事件に触発されて「人を殺せば死刑になると思って行きずりに人を刺した」。柳沼さんらは「あんなことは二度とあってはいけない」と、南野さんの命日に彼をしのぶ音楽ライブイベントを毎年開催しているが、同じような事件、犠牲者は絶えることがなかった。

「南野には三人の娘がいるけれど、その子が安心して生きられる世の中になって欲しい」

柳沼さんはそう願い、今夜も亡き友人へ歌を届ける。ライブ会場に集った観客とスタッフは一〇〇人以上。南野さんを通して広がった人と人とが繋がる様子は、およそ〈孤独〉たちの風景とは真逆だ。

しかし、どんなに人との繋がりが生まれても亡くなった人には手は触れない。失われた時間はもう戻らない。〈孤独〉が道連れにしたものとは、〈孤独〉がどこかでなくしてしまったこの人間同士の繋がりだ。礒飛受刑者は警察の調べに対し、

「自殺しようとしたがひとりで死にきれなかった」

と供述している。〈孤独〉は誰かといっしょに死ぬ行為によって、断たれた人との繋がりを再び求めたとでも言うのか。ありさまのどこを切っても、断面には行き場のない怒りや悲しみ、やりきれなさが残る。

そして、遺された人々は繋がらなくなった繋がりを前にずっと苦悩を続ける。事件の記憶がよみがえるからと、

南野さんの遺族は心斎橋の現場を訪れることはなかった。息子と唯一繋がる場所として事件現場にあえて足を運んでいた父親も、事件後一〇年を節目にそこでの弔いに区切りをつけたと聞く。

放火殺人があった大阪の雑居ビル前には、犠牲者の月命日に花を手向ける人たちが訪れていた。被害を受けたクリニックの元患者を支援する団体の代表・川田祐一さんは、事件の記憶を風化させたくないとの思いからここに通い続けている。手を合わせて仰ぐ悲劇の現場。向き直った彼の口から言葉が染み出す。

「人が孤立する社会がある。孤立した人がほかの誰かを道連れに死ぬ。そういう現実が悲しい」

（二〇二二年九月九日掲載）

《追記》 安倍晋三元首相が銃撃されて死亡した事件も二〇二二年のことだった。旧統一教会（世界平和統一家庭連合）に母親が多額の寄付をしたことで、生活困窮などの苦悩を抱えた山上徹也《やまがみてつや》容疑者が一方的に安倍氏への恨みを発展させ凶行におよんだ、と説明される事件。ここでも浮かび上がる、自分の人生が暗転した原因と理由が自

秋葉原通り魔事件があった現場交差点で手を合わせる人。不特定の人を殺傷する同様の事件は2021年から翌年にかけ頻発し、過去最多の発生数だった2008年、秋葉原の事件が起きたその年に匹敵する。

分以外にあるとする「他責」の考え。そんな理不尽な動機がまた他人の命を奪ったことになる。

二〇一九年の京都アニメーション放火殺人事件も同じ背景が語られている。殺人などの罪で起訴された青葉真司《あおばしんじ》被告は「京アニに小説を盗まれた」と主張しているものの、京アニ側は盗作の事実を否定している。自分が不利益を被っているのは京アニのせいだと青葉被告が一方的に恨み、やはり「他責」の上の身勝手な犯行だった可能性がある。

海外に目を向けると銃の乱射事件が相次ぐ。二〇二一年にイギリス南西部の住宅地であった五人の射殺事件や、二〇二三年にアメリカ・メーン州で起きた一八人が死亡する銃乱射事件など、イデオロギーを背景にしたテロとは異質の、なんらかの不満を抱えた〝自殺願望者〟による無差別殺人が止まることはない。

怒りをぶつける特定の対象があるかないか、自殺の意思があったかなかったかで、「無差別殺人」や「拡大自殺」とそれぞれの事件が区別し論ぜられるべきかもしれない。ただ、どれもが負の感情をつのらせた末の、他者を「道連れ」にした犯行には違いない。ネットスラングには「無敵の人」という言葉がある。社会的に失うものを持たず、もはや刑事罰も恐れず、ためらいなく凶悪行為におよぶ人間のことらしいが、前述の〈孤独〉たちを含め、本稿で語った人物はこぞってこの「無敵の人」に括られる存在でもあるだろう。

特定の状況、人々を表すために新たな言葉が作られることは、埋もれていた問題を顕在化させ、存在に光が当たることにもなる。きっと「無敵の人」という言葉の誕生にも当てはまる。しかし他方、一つの言葉で一括りにし、理解しやすく分かった気になる簡便さは、多分にステレオタイプの決めつけを生み出す。無用な差別や排除にも繋がりかねない。

また、その言葉に括られた人たちにとって、その言葉は〝居場所〟になる。後を絶たない「無敵の人」が起こす事件を見るたびに、不条理な犯罪者をまとめて「無敵の人」と呼んでいることが、まるでその存在を認めたかのように彼らに〝居場所〟をもたらしているのではないか、そんな危惧を感じたりもする。

還暦のニュータウン

常盤平団地《ときわだいら》

高度成長期に開発された巨大団地やニュータウンは、
多くの場所で住民の高齢化が進み、孤独死などの問題に直面する。
訪ねたのは戦後日本におけるニュータウンの草分け。
〝理想の住まい〟は60年を超えて、終焉の〝故郷〟になっていく。

常盤平団地に住む加藤明子さん。入居したころ、孤独死の高齢女性がビニールシートにくるまれ運び出される様子を目にした。「孤独死は身近なもの。これが現実なんだなと思いました」と語る。一方で知り合いも増え「ここは快適。ぜんぜん不安は感じません」とも。

常盤平団地へは、新京成線常盤平駅からすぐ。東隣の五香駅にかけて住宅地が広がっている。常盤平駅前から南に「けやき通り」が延び、「星型住宅（スターハウス）」は同駅から徒歩約5分。

そこは一年以上、空き部屋のままなのだそうだ。四階建ての団地の一階。二つ上階に住む加藤明子さんがベランダから下を見る。

「ああいうことがあると、すぐに人を入れないんでしょうかねえ」

住んでいた高齢者は病気で亡くなったそうだ。ひとりで部屋に倒れている状態で見つかったという。三年ほど前にも同じ団地に住む友人が自宅で死んだ。やはり八〇歳近い独居の男性。息を引き取ってから三か月しての発見で、遺品を持ち帰る身内は誰も来なかった。

「孤独死、けっこう身近であってビックリしちゃうよね。ひとり暮らしは気をつけないと」

そう話しながらも、加藤さんはその「ひとり暮らし」をいまこの団地で満喫している。

「好きな時間に好きなことができる。とっても楽しいですよ」

お気に入りの椅子に座って趣味の本を読む。かたわらの仏壇には二三回忌を終えた夫の小さな遺影。生活感と幸福感が静かに漂う南向きの明るい部屋は、八六歳の彼女にとって「なにものにも代えられない」場所になった。

戦後日本の縮図

約五〇〇〇世帯、七〇〇〇人以上が暮らす常盤平団地（千葉県松戸市）は、一九六〇年の入居開始から六〇年超えた、人間ならば〝還暦過ぎ〟のマンモス団地だ。そりゃいろんな住民の悲喜こもごもがあって、あざなえる縄のように禍福は隣り合うのだろう。

住民たちの人生が年輪のように刻まれた〝オールド〟タウン。だが、かつては若い入居者であふれるピカピカの〝ニュー〟タウンだった。戦後一〇年が経った一九五五年、人口急増にともなう住宅不足緩和のため、国策によって大規模団地の建設が計画された。都心に近い千葉県にある広大な田園を開発し造った、かつてない大きさの常盤平団地は、高度成長期以降に日本各地で次々と誕生する「ニュータウン」の先駆けとなった。

「入居にはハイレベルの給料が必要なので、共稼ぎでなんとか。あこがれの団地だった。引っ越すときは誇らしい気分でした」

高本文子《たかもとふみこ》さんは結婚を機に、この完成したばかりの団地に住み始めた。バス・トイレ付きで、ダイニングキッチンを備えた2DKの洋風文化住宅。すぐに長女の由紀

私鉄の駅に近い緑豊かな広大な敷地に、170の中層住居棟が並ぶ常盤平団地（千葉県松戸市）。「星型住宅（スターハウス）」と呼ばれる、建設当時に画期的だった集合住宅も現存。この貴重な〝歴史〟建造物の見学が目的で訪れる人たちもいる。

団地自治会は、60周年の記念誌発行に向けて「常盤平団地と私」というタイトルで作品を募集。溝上昭俊さんは寄せたエッセイの中で、高度成長期を過ごした時間を思い返しつつ、この団地が自身の「終の栖（すみか）」になった感慨をつづった。

子さんが生まれ、四人、五人と家族は増えていった。

「小学校は八クラス。いつもまわりに遊び相手がいた。商店街に街頭テレビがあって、大人から子どもまでたくさん集まりましたね」

と団地と同い年の由紀子さんは話す。住宅棟以外に病院や小学校、ショッピングセンターなどが整備され、これまでにない新しいライフスタイルが実現していく。六〇年代には「花の団地族」なる言葉も使われ出す。常盤平団地から都心へ通勤していた溝上昭俊《みぞがみあきとし》さんは、

「同じ団地の仕事仲間とよくここの商店街を飲み歩いた」

と昔を振り返る。「団地族」は右肩上がりの日本社会と将来に胸躍らせた日本人を象徴する一つの姿だった。

しかし、住民が歳を重ねるに従い団地も街もそのまま老いた。同世代が一斉に入居したニュータウンではそれは一気に進む。現在、商店街はシャッター街に変貌。子どもたちは成長すると団地を離れ、由紀子さんの同級生はほぼいない。上昇し続ける団地の高齢化率はおよそ五四％だ。住民の数はピーク時の約一万七〇〇〇人から半分以下となり、代わって外国人の入居が増えた。

「ここは日本社会の縮図です」（溝上さん）

86歳の高本文子さん（右）は常盤平団地への第一期入居組。当初の居住棟からは引っ越して、いまは団地内の別の部屋で娘の由紀子さん（左）との二人暮らしを送る。団地に住む高齢者たち憩いの場「いきいきサロン」にもよく顔を出すそうだ。

穏やかな孤独死

二〇〇一年春、常盤平団地の一室で死後三年を経過した白骨遺体が見つかる。妻と離婚後、ひとりで暮らしていた六九歳の男性だった。その翌年、病気で職を失った五〇歳代の単身男性が部屋のこたつに入ったまま死亡・発見と、痛ましい出来事が続く。——都会の団地で誰にも看取られずひっそり消える命——。経済的な豊かさの裏で相次ぐ高齢者などの孤独な死は、現代社会が抱えた問題として国内外でセンセーショナルに報道された。

常盤平団地は突として「孤独死」で世の注目を浴びることとなったが、同時に団地自治会などが中心になって対策にも乗り出す。高齢世帯への見回り安否確認や、住民の交流スペース開設など、「孤独死ゼロ」を掲げた活動は先進的な取り組みとして再び世の耳目を集める。活動が始まって二〇年あまり。当初からたずさわる常盤平団地地区社会福祉協議会の大嶋愛子会長は言う。

「見回りで本当に遺体を見つけるなんて思いませんでした。ハエが飛んで、ウジがわいてね。いまは警察対応なので正確な数はわかりませんが、孤独死は減ってないでしょう。ただ誰もが死ぬときはひとり。凄まじい孤独死はあるけれど、せっかく住み慣れた団地なので、ここで人生のいい最期を迎える穏やかな孤独死もあります」

大嶋さんらが運営する、団地商店街に置かれた「いきいきサロン」には、今日もコーヒーを飲みながらお年寄りたちが憩い、会話に花を咲かせていた。

「若い人が出てって年寄りが残る。それでいいじゃない」

窓の外は「けやき通り」。団地造成時に植えられた人の背丈ほどだった欅《けやき》の木は、六〇年を経て団地の建物を超える高さにまで育った。空へと伸びる老木の下を人々が歩く。ちょっと冷たい風が頬に当たる。黄昏の街の並木道にはやさしい木もれ日が落ちていた。

（二〇二三年四月一四日掲載）

《追記》 国交省が「ニュータウン」とするのは「昭和三〇年度以降に着手」「戸数一〇〇〇戸以上または人口三〇〇〇人以上」「面積一六ヘクタール以上」「郊外での開発」の住宅団地で、全国で二〇二二地区ある（二〇一八年度作成の「全国のニュータウンリスト」より）

平地人を戦慄せしめよ

カッパ淵と『遠野物語』

柳田国男が書いた『遠野物語』の舞台、岩手県遠野市。
気候厳しい山あいの集落で語られた民話を巡る柳田の旅は、
ひそかに人間の「負の遺産」を見つめるダークツーリズムだった。
偉大なる先達に学ぶ、妖怪や山神たちとの交わり方。

カッパの目撃例がある「カッパ淵」（岩手遠野市土淵町）。伝承園が企画するツアーではキュウリを餌にした〝カッパ釣り〟が体験できる。なにかが現れそうな幽玄な水辺で、二代目カッパおじさんの運萬治男さん（右端）が遠野の先人が民話に託した思いを伝承する。

遠野へは、いわて花巻空港から列車や車で約1時間。釜石自動車道遠野ICから車で約10分。JR釜石線遠野駅は東北新幹線新花巻駅から約1時間。カッパ淵（伝承園）は遠野駅からバスで約25分。デンデラ野は遠野駅からバスで約35分、「山口」で下車し徒歩約10分。

そこは〝子殺し〟の現場だった。覆い被さる木立ちの間を清らかな川水が蛇行する「カッパ淵」(岩手県遠野市)。釣り竿を担ぎ、腰にキュウリ入りの魚籠をぶら下げた「カッパおじさん」が低い声で語り始める。

「カッパの頭の皿とは、頭まで水に浸ける、わが子を水の中に沈めることの意味です。ここでは昔、その道しか選べなかった」

家族の食いぶちを削る「口減らし」のため、乳飲み児を水深き川の淵まで運んで水の中に沈め殺めたという、この場所にまつわるなんとも凄惨な話である。窮乏の果てに犠牲となった〝童〟の生まれ変わりが、かの名高き妖怪〝河童〟なのだそうだ。

ついさっきまで、近くの観光施設「伝承園」の囲炉裏端でザシキワラシなんかが登場する昔話をのんびり聴かされていた。だが、同園から出発するこちらの「カッパおじさんと行く本気のカッパ捕獲ツアー」では、到着地のカッパ淵で参加者はしばし絶句の、戦慄の民話体験をすることになる。

「遠野の民話は実際にあった〝民の話〟です」

と案内人を務める「カッパ淵の守っ人《まぶりっと》」こと運萬《うんまん》治男さんは説明を続けた。東北地方内陸の山里はひどい凶作にたびたび見舞われる土地。飢餓をしのぐために行なわざるを得なかった習俗、悲しき実話が元になってカッパ伝説は生まれたのだと言う。そして、ここカッパ淵はそうした〝民の話〟を語り継ぎ、先人の苦悩と生きる尊さを伝える場なのだそうだ。ならばこの「カッパ捕獲ツアー」、本書的にはぜひとも「ダークツーリズム」と呼ばせて欲しい。

子殺し、親捨ての物語

いまや「民話の里」として有名になった岩手県の遠野地方。カッパ淵は年間六万人ほどが訪れる、この地でも指折りの人気観光スポットらしい。そんな遠野の存在を世に知らしめたのは民俗学者の柳田国男が明治時代に刊行した『遠野物語』にほかならない。遠野の旧土淵《つちぶち》村出身の佐々木喜善《きぜん》が語る故郷の伝承や民話を柳田自身が聞きまとめた説話集だが、この中には神々の言い伝えに加え、幽霊や妖怪たちと交流する世にも奇怪な物語が一一九話に渡って展開する。

日本の原風景を描いたどこか牧歌的なイメージがある

遠野の昔話を伝承園で聴く。かつて夜なべ仕事などしながら語られた民話。締めくくりは「どんどはれ」。話者の膝に落ちた「ごんど（ワラくず）」を「はれ（払え）」から来ていて、〝物語は終わり、現実に戻れ〟との意味が込められているそうだ。

民話収集者だった佐々木喜善が生まれ、物語ゆかりの場所も多い土淵町山口集落。棄老伝説が残る「デンデラ野」や、そこで亡くなった人たちの墓所「ダンノハナ」がある。『遠野物語』で柳田はそれぞれ「蓮台野」、「壇の塙」の字を当てた。

一方で、柳田は『遠野物語』の序文に、

「之《これ》を語りて平地人《へいちじん》を戦慄せしめよ」

と記している。遠野を舞台にした民話の数々は、おそらく柳田自身がもっとも「戦慄せしめ」られた物語だったのだろう。彼に見えていたのは、〝民の話〟に仕込まれた、現実世界を生きる人間の苦しみや欲望のおどろおどろしさ、グロテスクさ。それらが実際の遠野の営みの中でとても生々しく活き活きと迫ってくる、まさに身を震わせるリアルだった。

カッパは五話ほどに登場する。悪さをしたカッパを赦し放免する話（第五八話）もあるが、名家の子女が産んだカッパを切り刻んで樽に入れて土に埋めたり（第五五話）、異形の姿で生まれた赤子をカッパだと言い見世物に売って金もうけしようとしたり（第五六話）など、やはり遠野のカッパには家を維持するための残酷な「子殺し」の影が映り込む。

いわゆる「姥捨《うばす》て」も珍しくなかった。佐々木喜善の生家があった山口集落のはずれに「デンデラ野」と呼ばれている場所があって、かつては六〇歳を超えると集落の〝老人〟たちはすべてここに追い遣られる習わしだっ

遠野の田園に「南無阿弥陀仏」と刻まれた石塔がたたずむ。『遠野物語』の序文で柳田は「路傍に石塔の多きこと諸国その比を知らず」と書いている。遠野の人たちは古くから、年月を経ても姿を変えない石には神が宿ると信じていたという。

たとある（第一一二話）。
よく知られた話の一つ、オシラサマの物語（第六九話）は、娘と夫婦になった飼い馬を父親が桑の木に吊るし殺してしまうというものだ。こちらは、現実には家畜の世話をする下男との、身分違いの許されぬ恋が下地になっているのだろう。長者一家が毒キノコを食べてみんな死に絶えてしまう悲劇（第一九話）にいたっては、最後は親類縁者が押しかけ、遺産を奪い合って終焉する。いやはや、どれも凄まじい。人々が生きて、死んで、そこに神々が寄り添う不思議な日々が、『遠野物語』では延々と続いていく。

柳田の〝不謹慎な旅〟

八人兄弟の六男として兵庫県に生まれた柳田は一二歳のときに貧しさから実家を出され、茨城県に住む長兄に引き取られる。彼もまた「口減らし」の対象だった。そして、その移り住んだ先の徳満寺《とくまんじ》（茨城県利根町《とねまち》）で目にしたのが、地元で「間引き絵馬」と呼ばれている、母親が乳児を押さえつけ命を奪う瞬間を描いた掛け絵だった。初めて「間引き」の意味を知った柳田少年は強い衝撃を受けたそうだ。この体験が彼を民俗学へ、ことさら農村の現実や風習を探究する『遠野物語』の世界へと向かわせたとも言われる。

一八九六年に東北の太平洋岸で起きた「明治三陸地震」も『遠野物語』には登場している。遠野から海沿いの村へ婿入りした男が、地震による大津波で亡くなった妻と死後に会話するという、ややオカルトチックな内容（第九九話）。明治三陸地震は刊行の一四年前の出来事だったが、後に柳田は大津波が襲った海岸を実際に訪ねて紀行文を寄せている。四〇戸のうち一戸のみを残し壊滅した「唐桑浜《からくわはま》」（現宮城県気仙沼市唐桑町）の集落を見た彼は、「二十五箇年後」と題し、

「話になるような話だけが、くり返されて濃厚に語り伝えられ（略）回復と名づくべき事業は行われにくかった。（略）高みへ上った者は（略）後悔をし（略）つとに経験を忘れ（略）浜辺近く出た者は、漁業にも商売にも大きな便宜を得ている」（『雪国の春』）

と書き残す。彼の視線は被災の悲惨さとともに、復興の暗部へもおよんでいた。二〇一一年の東日本大震災と重ねると、柳田のこの旅は現代のわれわれにいっそう意

味深いものに映る。

彼が遠野の人たちと対比するように語った都市生活者「平地人」とは、かつての暮らしを忘れてしまい、ときに過去を蔑ろにする「現代人」と読み替えることができる。『遠野物語』で柳田が解き明かそうとした自然や神とつながった原初的な人間の暮らし、それが与えるインパクトは、ただ昔を懐かしんで思い出にひたるだけのものではなく、なにより現世に生きるわれわれにとって道標たり得る、貴重な「戦慄」だったのかもしれない。カッパおじさんも話していた。

「カッパは、神さまから預かった命の大切さを教えている。先人の犠牲を知って、カッパに興味を持ってくれたらいい。そしたら今日はカッパを見たってこと。どうかまた会いに来てください」

（二〇二三年五月一二日掲載）

《追記》 カッパやオシラサマに並ぶ『遠野物語』の有名キャラクターにザシキワラシ（座敷童子）がいる。各地の民話にも存在し、一般には旧家などの奥座敷に住み着いた子どもの姿をした神様とされる。

伝承園にある伝統家屋「曲り家」内には、願いを書いた布をまとった約1000体の人形が並ぶ。中央には桑の木が立ち、養蚕の神オシラサマの物悲しい民話を伝えている。

「ザシキワラシまた女の児なることあり」で始まる『遠野物語』第一八話は童女姿の二人のザシキワラシが登場するが、彼女たちが去ると裕福だった家が没落し、新しく移り住んだ家は富み栄えるという、いわば「福の神」としてザシキワラシは描かれている。

　ザシキワラシの正体について、民話の収集家・研究者でもあった佐々木喜善は遠野地方で多く語られている説から、「陸に上がった河童である」としている。

　喜善によると、かつて遠野周辺では貧困などによって「間引いた」子どもを、墓ではなく家の中の土間や台所に埋める習慣があったという。「口減らし」の習慣を背景にした河童伝説と同じく、ザシキワラシもまた家の事情で殺された子どもの生まれ変わり、その悲しき実話が民話の起源だとの考えを示した。

　またこれとは別に、遠野市出身で、遠野地方を中心にした北上山地の民俗研究者・菊池照雄は、現地での調査の様子を語って、

「遠野ではザシキワラシの調査の訪問者に悲鳴をあげ、ザシキワラシとは昔血縁結婚が多かったので、不具や精神異常の子どもが生まれると世間態を恥じ、座敷に封じて世間に出させない子どものことだったと、説明したりもする」（『遠野のザシキワラシ』）

と、身体に障がいを持った子どもとザシキワラシとの関連を示唆する。

　産まれた障がい児の命を絶つのではなく、家の体面のため外に出さずにずっと閉じ込めるという選択。それを可能にしたのは、その子を養い続けられる余裕を備えた裕福な家だったからに違いない。つまり、ザシキワラシがいるから家が栄え裕福になるのではなく、「口減らし」の必要のないそもそも裕福な家にこそザシキワラシがいられたということだ。

　いずれにせよ、カッパもザシキワラシも、不運を背負わされた子どもと、その子どもの転生を願わざる得ない人々の感情が物語誕生の背景にあるようだ。しかもそれを「福の神」として祀って、大切に語り継いできた遠野の民話には、古来より日本人が持つ死生観さえ見て取れる。少なくとも柳田国男はそう感じ、「戦慄」し、遠野への旅を続けたに違いない。

ゾウがいない動物園

井の頭自然文化園

動物園の人気者ゾウの姿が全国の動物園で消えつつある。
絶滅が危惧される野生動物の輸入はハードルが高い。
国内で増やそうにも、ゾウの繁殖は困難で、これまで十数例のみ。
さあ、ゾウがいなくなった動物園へゾウを見に行こう。

井の頭自然文化園（東京都武蔵野市）のゾウ舎はいくら待ってもゾウは出て来ない。2016年までここで飼育されていたアジアゾウの「はな子」はいまも市民に愛され続け、命日には人々が訪れる。彼女の波乱万丈の生涯に、苦労した自分の人生を投影する人も多い。

井の頭自然文化園へは、JR中央・総武線および京王井の頭線の吉祥寺駅から徒歩約10分。
市原ぞうの国へは、圏央道市原鶴舞ICから車で約5分。小湊鉄道高滝駅から車で約10分。市原鶴舞バスターミナルと高滝駅からは無料送迎バスあり（予約制）。

そこはゾウがいないゾウ舎だ。飼育されていたアジアゾウの「はな子」は二〇一六年に死んだ。以来「井の頭自然文化園」（東京都武蔵野市）のゾウ舎は空っぽのままで、ゾウはおろか、なんの動物の姿もない。ただし、ゾウ舎の外壁には実物大の生前のはな子の写真が設置されている。体高二・三メートル、体重三〇〇〇キロのシルエットは遠くからでも目を引く。小さな子どもたちが見つけて駆け寄って来た。

「ゾウさん、大っきいねー」

建物内部には、はな子の来歴を伝えるパネルと思い出の品が展示されていた。さらには花束が並ぶ献花台。この日、五月二六日ははな子の命日だった。都内に住む深川三恵子さんは、今年（二〇二三年）もはな子の好物だったドクダミの花を抱え、彼女に会いに来ていた。

「亡くなった日は園全体が重苦しい空気でしたね。はな子は動物園のアイドルだったから」

ゾウ舎には開園すぐから人が訪れ、絶えなかった。死んで七年。いまなおはな子に思いを寄せる人は多く、ゾウは園屈指の人気者であり続ける。でもここで二度とゾウには会えない。思い入れあるはな子の替わりが見つからないのではなく、ゾウそのものを今後は飼わないと決めたからだ。それがこの動物園の選択だった。

群れで生きるゾウの〝福祉〟

一九四九年、はな子は二歳のときにタイからやって来た。戦時中の猛獣処分で日本の動物園のゾウは三頭だけになり、「またゾウが見たい」という子どもたちの願いを受け、戦後初めて外国より贈られたゾウだった。上野動物園（台東区）に入った後、武蔵野市民の熱い要望で一九五四年に井の頭自然文化園へ移籍。二〇一三年には国内飼育されたゾウの当時の最高齢記録六六歳を超える。享年六九。ほぼ全生涯を日本の動物園で過ごし、日本人とともにこの国の戦後を生きた。

「ずっと周りに人間しかいなかったので、はな子は自分を人間だと思ってたんじゃないかな」

献花に来た女性のひとりはそう話す。他のゾウとの交流は上野動物園時代にあったが、はな子には終生いっしょに暮らすゾウの仲間はいなかった。晩年、外国人ブロガーがその姿を「たった一頭でコンクリートの牢獄にいる」と批判し、環境改善を求める署名が国内外で集ま

井の頭自然文化園のゾウ舎に掲げられている、ありし日のはな子の実物大写真。一般公募で決まったその名前は、太平洋戦争中に上野動物園で餓死させられたアジアゾウの「ワンリー」（通称「花子」）の名を継いだものだった。

ゾウ飼育数日本一の市原ぞうの国（千葉県市原市）。来園客を前に行うショー「ぞうさんのパフォーマンス」では、直接ゾウと触れ合うこともできる。同園生まれの「りり香」（右）に手を伸ばした女の子は「あったかい」と驚きながら笑顔を向けた。

る騒動も起きた。はな子の飼育環境について、井の頭自然文化園の金原功さんは、

「群れで行動するゾウの、本来あるべきものではない認識はありました。ここはスペースもなく、環境が整えられない。ゾウの飼育をやめることは、はな子が亡くなる前から決まっていました」

と説明する。近年、世界の動物園ではアニマルウェルフェア（動物福祉）の考えの下、動物の習性に適した環境で飼育する動きが広がる。取り組みの遅れが指摘されていた日本だが、日本動物園水族館協会は二〇二〇年から飼育のガイドラインを設定。ゾウならば、脚への負担が少ない土の地面や、多頭飼育とそれが可能な広い敷地が必要などとされた。対応困難な動物園では、ゾウが死んだのを機にゾウの飼育を断念するケースが相次ぐ。野《の》毛山《げやま》動物園（神奈川県）や大牟田市動物園（福岡県）ほか、かつてゾウがいて、二〇〇〇年以降にゾウが消えた動物園は一五以上ある。井の頭自然文化園はゾウ舎をこのままはな子のメモリアル施設とし、動物展示の予定はないという。日本の動物園がどう野生動物と付き合うか。はな子の生涯は、それを考える場を最後に残した。

仲よく水遊びに興じる2018年生まれの「もも夏」（左）と、2019年生まれの「ら夢」。どちらも市原ぞうの国で出産された姉妹。彼女たちの姉の「ゆめ花」（16歳）、「りり香」（9歳）、さらにこの動物園で生まれた唯一のオス「結希」（9歳）が繁殖適齢期を迎え、近い将来、国内では前例がない日本生まれのゾウ同士の繁殖が期待される（各年齢は2023年時）。

日本生まれのゾウが作る未来

野生のゾウは年々減り、絶滅危惧種に指定されている。商業目的の国際取引は「ワシントン条約」で禁止だ。日本で動物園などにいるゾウは二〇二三年には一一七頭。だが、戦後日本に来たゾウの高齢化は進み、はな子以降二〇頭が死んでいる。新たなゾウの輸入が厳しい現状のままなら、五〇年後に二〇頭に減るとの試算も出た。国内最多の一〇頭を飼育する「市原ぞうの国」（千葉県市原市）の佐々木麻衣副園長は、

「ゾウが日本（の動物園）に来て一三五年ですが、ちゃんと繁殖を考えたのはここ三〇年。動物園の中には動物を命ある存在ではなく、モノと見てるところもある」

と語り、日本のゾウを守るためにもゾウの国内繁殖の重要性を訴える。「種を残す」という生きものの基本的な習性。それに配慮しない、動物を見て消費するだけの展示物のような扱いが、ゾウに会えない未来を生むとの指摘だ。市原ぞうの国では、繁殖が非常に難しいゾウにあって、いま五頭が海外から来たゾウがこの園で出産した〝日本生まれ〟だという。

「ここのゾウには家族を持たせたいという夢がありました。けれど、それぞれ状況は異なる。『一頭だからかわいそう』とまとめてしまうのは違う」（佐々木さん）

群れを形成し、仲間との間で社会性を有するゾウだが、日本では日々接する飼育員などの人間を仲間と捉え、ゾウごとに独自の関係を築いているとも言われる。市原ぞうの国のゾウたちは、災害やコロナ禍で人前に出られない休園期間が続くと、とてもイラ立ち、ストレスを感じた様子を示すらしい。人と触れ合うことがゾウたちの日常であり、少なくともこの国のゾウの生き方なのだ。

現在、市原ぞうの国は日本で生まれたゾウ同士での繁殖を目指している。模索するのは日本にゾウを残す未来と、人間といっしょに生き続けるゾウたちの未来だ。

（二〇二三年七月七日掲載）

《追記》飼育のゾウが死んで二〇一七年からゾウ不在だった福岡市動物園に、二〇二四年七月、ミャンマーからアジアゾウ四頭が来た。野生のゾウではなく、動物福祉に十分配慮しての久々のゾウの国内輸入となったが、残念ながら内一頭が来園からわずか四〇日後に死んでしまった。

その日、大使館の前で

都内の各国大使館

東京都心で歩いても行ける距離に点在する〝日本の中の外国〟。
大使館は国際法上、本国の領土と同じ扱いを受ける場所だから、
ひとたび本国で問題が起きれば抗議や非難の矢面に立たされる。
ときに人を集め、切実な想いがぶつかる大使館前を巡った。

2021年の軍事クーデターから3年。ミャンマー大使館前（東京都品川区）で行われた2月1日のデモには、およそ300人の在日ミャンマー人たちが集まり、軍政への抗議の意志を示す3本指を掲げながら、アウンサンスーチー氏の解放を求めるなどの声を上げていた。

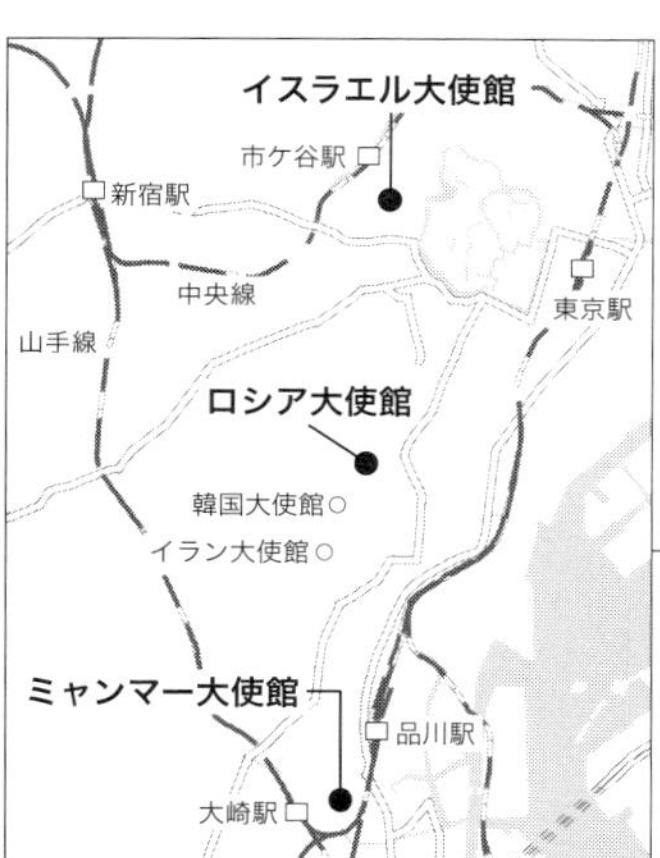

ミャンマー大使館へは、京急本線北品川駅から徒歩約10分、JR 大崎駅から徒歩約15分。
ロシア大使館へは、地下鉄日比谷線神谷町駅から徒歩約10分、同六本木駅から徒歩約15分。
イスラエル大使館へは、地下鉄有楽町線麹町駅から徒歩約1分、JR 市ケ谷駅から徒歩約10分。

そこには郵便受けを内側から押さえふさぐ人物がいて、投函する申入書をかたくなに拒絶した。横の閉まった門には、英語とビルマ語表記で「ミャンマー連邦共和国大使館」とある。仕方なく門扉下の隙間から差し込んだ書面には、ミャンマー国軍の暴力への糾弾と、ミャンマーの民主化を求める文言が書かれている。

すぐそばでは三〇〇人近いミャンマー人が見守っている。受け取られなかった抗議文は彼らの声であり、さらにその声の見えない後ろには同じ怒り、悲しみ、願いを持つ数千数万倍の同胞がいることだろう。

ミャンマー国軍が軍事クーデターを起こした日からちょうど三年に当たる二〇二四年二月一日、在日本ミャンマー大使館（東京都品川区）の前では日本に住んでいるミャンマー人たちの抗議デモがあり、軍事政権に反対する〝声〟を届けようとしていた。普段は閑静な住宅街にビルマ国旗などがはためき、シュプレヒコールがこだまし、出動した大勢の日本警察が警備に走り回る数時間の騒然。しかしながら、海外における自国の出先機関である大使館は自国民の姿を前にまるで反応せず、ただただ彼らを無視し続ける。

大使館の前で訴える意味

「あきらめません。いまもたくさんの人が国軍に殺されています」

テレビ局の取材カメラの前でミャンマー人の女性が答える。囲んだデモ参加者たちは大きくうなずいて、母国の仲間や家族を心配する声を被せた。

彼らがこの日ここに集まった理由は大きく二つあるようだ。一つは自国政府への抗議。もう一つは国際社会へのアピール。大使館とは遠い祖国へ繋がる「窓」であり、さらに大使館が建つ場所、つまりこの日本がなにより国際社会へと繋がる「窓」なのである。だから彼らは窓口に来て祖国への抗議を叫び、窓先から日本を含めた世界に向け支援や助けを求める。

他方、集会直前の一月末、都内の飲食店で働くあるミャンマー人男性が話してくれた。

「大使館には行きませんよ。仕事がありますから。抗議したってなにも変わらなかったじゃないですか。残念なのは日本が動いてくれないことです。人じゃなくて、日本の国としてね」

この三年、民主派への国軍の弾圧は止まず、ミャン

ミャンマー大使館に受け取りを拒絶された「抗議文」をミャンマー人代表者が日本の報道陣に掲げた。現在、3万人以上のミャンマー人が日本に在住しているが、彼らは「ミャンマーの現状を日本人に知って欲しい、理解して欲しい」とも語る。

ロシア大使館近くの交差点で、ロシアのウクライナ侵攻に抗議する人たち。周囲には可動式の鉄柵が置かれ、不審な車両の侵入にもすぐ対応できる警備態勢だ。ここから同大使館のすぐ前へ行くには警官のボディーチェックを受け、少人数に限られる。

マーでは市民約四五〇〇人が死亡したとされる。ただ、支援を期待した国際社会は最近はウクライナや中東の情勢に目が向き、ミャンマーへの関心は次第に薄れる。彼は変わらぬ状況に少なからず絶望していた。大使館前とは、行くと虚しさや徒労感を感じる場所となって、だんだん足が遠のいていった。

「大使館の内側にはなかなか声は届かないと思いますが、平和のためになにかしないといけない。これが生きがいにもなっています」

変わって在日本ロシア大使館の前（東京都港区）。同じく沈黙する大使館に向かって〝声〟を上げる人たちがいた。路上に立つ一〇人ほどの日本人。中のひとりに話を聞くと、きっかけはロシアのウクライナ侵攻が始まった二〇二二年二月、この場所でたったひとりで抗議するロシア人女性の姿を見たことだったと言う。

以来、彼らがロシア大使館前で重ねたデモは二〇二四年に入って五〇回を超えた。だが、侵攻から二年経っても、どんなに「戦争反対」と叫んでもまるで解決しない事態を前に、失礼ながら無力感はないかと尋ねると、先の答えが返された。

イスラエル大使館前の歩道は、近隣にある小学校の通学路にもなっている。横断幕やプラカードを掲げ「ガザでの虐殺をやめろ」などと抗議する人たちの前には、通りかかった小学生が質問する姿があった。数日前に車が突っ込み、車両止めの柵が置かれたすぐ横。やがて警備警戒中の警察官に守られながら、小学生たちは大使館前を通って帰宅して行った。

謎の「五人ルール」

ロシア大使館横の小さな公園でデモ参加者と話をしていたら、黒いコート姿がちょっと離れて立ち、こっちに聞き耳を立てている様子。

「公安警察でしょうか」

とデモ参加者。なにしろ周囲は常に警察官がウヨウヨいて、彼らが町名から「狸穴《まみあな》」の隠語で呼び合う特別警戒地域だ。大人数の集会はロシア大使館の前では行うことができない。大使館の建物がすっかり見えない約五〇メートル離れた交差点の、鉄柵などで区切られた場所へと排除される。

「五人までならいいです」

集会後、そう話す警察官に前後を挟まれ、デモ参加者の一部が大使館正門前へと移動した。およそ都内のどの国の大使館も、抗議デモで近寄れるのは五人以内という制限があるのだそうだ。一説に警察がこの「五人ルール」を最初に始めたのが在日本イスラエル大使館前（東京都千代田区）らしい。ここもいま、大きな〝声〟が響く場所になっている。

イスラエルとイスラム組織ハマスの軍事衝突が起こったパレスチナ自治区ガザ。同地で続く深刻な人道危機に対し、二〇二三年の秋以降、イスラエル大使館前では抗議行動が繰り返されている。

こちらも大使館の建物から少し離れた歩道の一角が集会に許された場所だった。訪ねるとさまざまな人が集っていて、その数十人を前に外国人がハンドマイクを手に現地の切迫を英語で語り、さらに彼からマイクを手渡された女性は、

「生まれたこの子のために」

と胸に抱いた幼い娘を見つめながら、自分の国ではない他国の和平を必死に呼びかける。

下校途中の小学生が興味を示し近寄って来た。掲げられたガザでの犠牲者の写真を見て、

「みんなここに、日本に避難して来ればいいのに」

と言う。

「できたらいいけど難しいんだ」

と説明する大人たち。

突如、遠くから街宣車の音声が聞こえ出す。近くにいた警察官は小学生たちに帰宅を促し、

「先日は車が突っ込んで、お巡りさんが指切断の大ケ

ガしたものですから」

と大使館へ通じる道路をバリケードで閉じ始めた。

東京都区部には各国の大使館が一五〇以上ある。二月一日のミャンマー大使館前に続いて、二月は抗議活動が目白押しだった。「イスラム革命記念日」（二月一一日）のイラン大使館前（港区）、「竹島の日」（二月二二日）の韓国大使館前（港区）、ナワリヌイ氏死亡（二月一六日発表）直後のロシア大使館前など、どの日もその場所には〝声〟を上げる誰かが立っていた。

（二〇二四年四月一二日掲載）

《追記》二〇二四年六月には在日本中国大使館（東京都港区）の前に在日中国人などが集まっていた。中国共産党が学生たちの民主化運動を武力鎮圧した一九八九年の「天安門事件」から三五年。この日の集会は当時の民主化運動に参加し、その後に亡命などをした元学生らによるもの。もう帰国が叶わない、もはや戻れなくなってしまった祖国に向けての抗議デモだった。

中国国内では同じころ、天安門事件に関する情報統制がなされ、同広場周辺では当局の厳重な警備態勢が敷か

「竹島の日」（2月22日）の韓国大使館前。「わが国固有の領土である竹島から即時撤退せよ」と叫ぶ5人を、その数十倍の警察官が囲む。矢継ぎ早に来る抗議団体で大使館前は〝渋滞〟気味だった。

れていた。けっして抗議活動など許さない「中国」。対して他国にある「中国」を前に上げる抗議の〝声〟。日ごろから警備が厳しい中国大使館周辺なのだが、この日はいっそう物々しい警戒態勢となり、ピリピリした緊張感が漂う。

その中国大使館の警備に当たるのはもちろん日本の警察だ。いくら内側が「中国」であっても中国警察や人民解放軍が守るわけではない。どの国の政府もウイーン条約に基づき、大使館や領事館といった在外公館の安全を保護し侵害を防止する「特別な責務」を負っている。ただ平和的デモならいいが、たとえば在イランのアメリカ大使館占拠事件（一九七九年）、在中国日本大使館への反日デモ（二〇一二年）、在シリアのイラン大使館空爆（二〇二四年）など、そこは過激なテロの対象にもなる。日本の警察は命がけで、たとえ日本人の手からだって日本の中の〝外国〟を守らなければならない。

しかし、日本警察の捜査は大使館にはおよぶことはない。これもウイーン条約の規定。「在外公館の不可侵」、いわゆる外交特権、治外法権があるからである。日本の警察は許可がなければ大使館の敷地には立ち入れないし、外交官は身柄拘束や逮捕も免除される。

ウイーン条約は国家主権に関わる必要で重要な法だが、得られる特権を隠れ蓑に不正も横行する。過去には駐日ガーナ大使が公邸を装い闇カジノ店を営業。発覚したものの、警察の摘発を逃れ同大使は日本を出国してしまった。最近でも、ベトナム総領事館の領事が関与した在留関係証明書の不正発行事件において、不正を依頼したベトナム人ブローカーは逮捕されてもベトナム人領事は帰国し警察は事情を聴くことすらできなかった。

対抗措置はある。ウイーン条約の定めでは、外交官らを「ペルソナ・ノン・グラータ（好ましからざる人物）」として派遣国に通告し、国外退去を求めることができる。ロシアのウクライナ侵攻後の二〇二二年四月には、多数の民間人犠牲者が出たとして日本政府はロシア大使館の外交官など八人に国外退去を要請している。これは欧州各国に足並みをそろえた形の、日本にとっては極めて異例の対応だった。

烈女と露探と護法の神

大津事件

隣国の脅威を懸念し、怯え、いつしかとるファイティングポーズ。
「恐露病」が蔓延する日本で起きたロシア皇太子襲撃事件は、
直接の当事者ではない３人の人生になにをもたらしたのか。
明治期の日本を揺るがした大事件の、その波紋への旅。

観音寺（千葉県鴨川市）で展示されている畠山勇子のひな人形。毎年2月末～3月初旬開催の同寺の「ひなまつり」で公開され、期間中は毎日、追善法要が行われる。本堂には地元有志の手によるつるし雛が飾られ、「烈女」の人形の周囲は華やかに彩られていた。

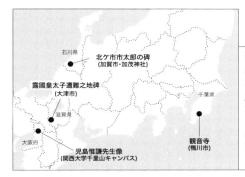

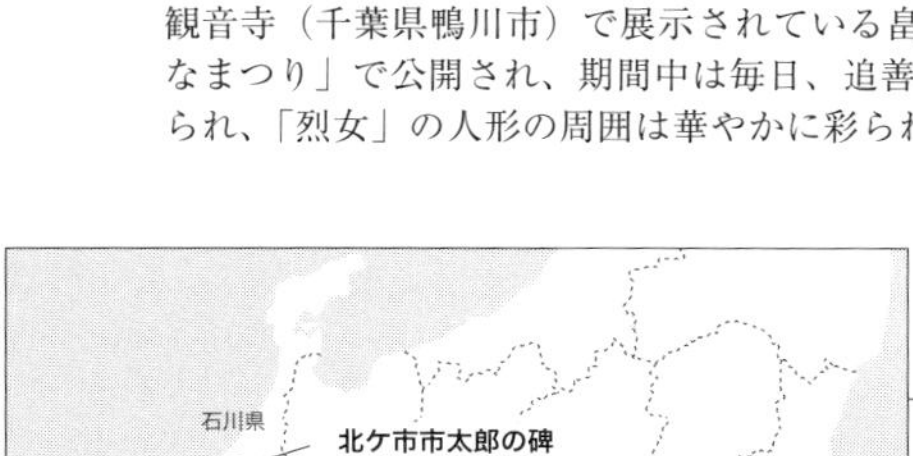

観音寺へは、JR 内房線および外房線安房鴨川駅から徒歩約3分。

大津事件の碑（露國皇太子遭難之地碑）へは、JR 琵琶湖線大津駅から徒歩約5分。

北ケ市市太郎生誕の地碑へは、北陸新幹線および IR いしかわ鉄道加賀温泉駅から徒歩約30分。加茂神社境内。

児島惟謙先生像へは、阪急千里線関大前駅から徒歩約10分。関西大学千里山キャンパス内。

そこには「憂国の烈女」が愛でたひな人形が飾られている。江戸時代末期に作られた人形なれど、いまも生き生きとした表情にまず見学者は驚き、重ねて人形の持ち主の壮絶な人生が伝えられるといっそう目を丸くした。

「そんなすごい方が故郷にいたなんて二度ビックリ」

置かれた墨書には「畠山勇子」とある。一八九一年五月、来日したロシア帝国ニコライ皇太子が警備の警官に斬りつけられた「大津事件」直後、日露両国の関係悪化を案じ、ロシアや日本政府への嘆願書を残し二五歳で自刃した女性だ。出身地である安房国前原《あわのくにまえばら》（現千葉県鴨川市）の観音寺《かんのんじ》には、勇子の初節句を祝い叔父が贈ったひな人形が奉納されていて、毎年ひな祭りの季節になると本堂で公開される。住職の森谷義眞《もりやぎしん》さんは言う。

「自ら命を絶つということは寺なので肯定できませんが、和平のために高い志を持った女性がいたことをぜひ知って欲しい」

一〇年ほど前には鴨川市商工会が勇子を題材に絵本を作った。観音寺の「ひなまつり」期間中は近くの幼稚園児も遠足で訪れるなど、地元では近年、子どもが郷土の歴史を学ぶ際に取り上げられる人物のひとりだそうだ。

「恐れ」が生む幻影

ロシアの次期皇帝となるニコライを日本は手厚く歓迎していた。その要人が滋賀県大津町（現大津市）の路上で巡査・津田三蔵に襲われ、頭にけがを負う――。明治中期に起きた大津事件は多くの日本人を震え上がらせた。怒ったロシアが戦争を仕掛けてくるかもしれない。そうなれば国家存亡の危機。近代化の途上にあった当時の日本にとって、大国ロシアの脅威、抱く恐怖心は並々ならぬものだった。明治天皇はすぐさまニコライが投宿する京都のホテルへ陳謝に赴く。全国各地から見舞品が殺到し、学校も劇場も遊郭も閉じて謹慎の意を示した。

畠山勇子は事件八日後に東京から夜行列車で京都に向かっている。そして、到着した日の夕刻、京都府庁前で「一身を捧げ日露和平の礎とならん」とカミソリで喉を切り、間もなく絶命。そのセンセーショナルな死を新聞は「烈女」と書き称え、世間も国難を憂い命を差し出した行為と賛美した。

幸いニコライの傷は致命傷にならなかった。皇太子一行を乗せた人力車の車夫二人が津田に組み付き凶行を止めたからだ。世間はこの車夫たちも「救国の英雄」と称

大津事件の現場は旧東海道沿いにあって、「此附近露國皇太子遭難之地」と刻まれた石碑だけがひっそりと建つ。「昔のことでなにも伝わってませんね」と近所の住民。以前は碑の横に置かれていた案内板も消失していた（滋賀県大津市京町）

畠山勇子は地元でも屈指の商家に生まれた。ひな人形を贈った叔父は幕末の志士を数多く支援した人物で、勇子も国政に興味を持っていたという。彼女の死に感銘を受けたラフカディオ・ハーン（小泉八雲）は墓を訪れ自著で紹介している。

えた。日本政府からは勲章が授与され、ニコライも二人を帰国前のロシア軍艦に招き、多額の報奨金と終身年金を与えている。

時の人となった車夫のひとり、北《きた》ケ《が》市市《いちいち》太郎《たろう》は郷里の石川県江沼《えぬま》郡（現加賀市）に戻り、報奨金で田畑を買い地主となり、郡会議員にも選出。地元の加茂神社には碑が建ち、「加賀郷土かるた」では〈ロシアとの危機を救った北ケ市〉の札があるなど、いまもわずかにその功績が伝わる一方、彼の後半生について加賀市在住の郷土史家・見附《みつけ》裕史《ひろし》さんは、

「一転して家に石を投げられる境遇になります。ただ、波瀾万丈で浮き沈みの激しい人生はユニークで興味深い」

と語る。郷土の名士になった車夫。しかし、彼の人生は大津事件の一三年後、日露戦争開戦で再び大きく転換する。ロシアとの関わりから周囲は彼を「非国民」、さらにはロシアのスパイを意味する「露探《ろたん》」と罵り、反露感情をぶつけたのである。北ケ市は議員を辞し、ロシアからの年金も打ち切られた。

大津事件前から日本社会に潜在していた、北方からの領土侵略を想定するロシア脅威論はこのころいっそう強

（上）加茂神社（石川県加賀市）境内にある「北ヶ市市太郎生誕の地」碑。同神社の宮司によれば、地域で北ケ市の存在を知る人は現在ほとんどいないらしい。（下）児島惟謙は大津事件の翌年に大審院を辞し、その後は貴族院議員などを歴任。関西法律学校（関西大学の前身）の創立にも関わり、関大千里山キャンパス内（大阪府吹田市）には彼の胸像が置かれている。

まり、人々の間に「恐露病《きょうろびょう》」という言葉が流布し始めていた。日本人が取りつかれたその病こそが「憂国の烈女」や「救国の英雄」を生み、称える裏にあった。だが、日清戦争後の三国干渉（一八九五年）を機に、外交の弱腰を批判する学者などから対露強硬論が起こる。恐れの感情は高じて敵意となり、戦争やむなしの気運を作り出し、大衆は北ケ市をいわれなき「露探」に仕立てた。

「護法の神」登場

襲撃犯の津田の処遇にも「恐露病」は影響した。日本政府はロシアの対日感情を憂慮するあまり津田の死刑を主張。しかし、当時の刑法では、一般人に扱われるニコライへの危害は謀殺未遂罪が適用され、無期徒刑（無期懲役）が最高刑だった。そこで政府は死刑判決が可能な、天皇や皇族に対する大逆罪（刑法一一六条）の適用を求め、司法に圧力をかけた。

津田の裁判は、現在の最高裁に当たる大審院での一審終審だった。松方正義《まさよし》首相は児島惟謙《これかた》大審院長に面会し、「国家存在せずんば法律も生命もなし」と津田の死刑を迫った。三権分立を取り入れた明治憲法の発布はこの二年前。だが、憲法を整備した政府自体がいきなり司法権の独立を侵し、法を曲げろと強要したのである。

実は皇太子の来日前、駐日ロシア公使と日本の外相の間で「皇太子襲撃の事態には大逆罪もって処刑」との約言があったとされる。水面下では複雑な綱引きがなされたようだが、結果的に大審院は政治的圧力をはねつけて、津田に無期徒刑の判決を下す。これが児島が司法の独立を守った「護法の神」と呼ばれるゆえんであり、歩み始めたばかりの立憲国家としての日本を守ることとなる。

「そう言えば以前、児島惟謙を研究している人が勇子さんのひな人形を見に来ました。どちらも国を守った人物ということでしょうか」（観音寺・森谷住職）

（二〇二四年五月一〇日掲載）

《追記》後年、北ケ市市太郎をモデルにした映画が作られている。一九六二年公開の『鉄砲安の生涯』（大映）。主人公の人力車夫を勝新太郎が演じ、破天荒な男の生涯が描かれた。「露探」と差別された勝新が映画のラストで、涙ながらに「わいは国賊じゃない。鉄砲安は日本人やぞ」と叫ぶ！

旅に出よう——あとがきに代えて

旅に求める最大の要素の一つは「非日常」。普段の生活とは異なる特別な空間や体験を味わうことだ。

そこでダークツーリズム。戦争や災害など、この旅で目の当たりにする〝ダークネス〟はそうそう経験できない歴史的に貴重な「究極の非日常」とも言える。

ただ、ダークツーリズムでの「究極の非日常」は、他者の苦しみは、同様には味わえない。でも存在を知ることは必要。この「究極の非日常」は誰しもの「日常」に突如現れるから。それには旅という「非日常」を「日常」的にそばに置く、つまり旅を続けることがうってつけ。

そんな旅を続けさせてくれる『週刊金曜日』誌と担当編集者の渡辺妙子さん、続編の出版機会を与えてくれた弦書房の小野静男さんに重ねて御礼申し上げます。

二〇二四年一二月

木村 聡

［著者略歴］

木村 聡（きむら・さとる）

1965年生まれ。フォトジャーナリスト。新聞社勤務を経て94年よりフリーランス。国内外のドキュメンタリー取材を中心に活動。著作に『ベトナムの食えない面々』（めこん）、『千年の民〈ジプシー〉のゆくえ』（新泉社）、『満腹の情景』（花伝社）、『メコンデルタの旅芸人』（コモンズ）、『米旅・麺旅のベトナム』『不謹慎な旅――負の記憶を巡る「ダークツーリズム」』『満腹の惑星――誰が飯にありつけるのか』（以上、弦書房）など。

ホームページ；www.pjkimura.net

不謹慎《ふきんしん》な旅 2
――負の記憶を巡《めぐ》る「ダークツーリズム」

二〇二五年 一 月三〇日発行

著 者 木村 聡

発行者 小野静男

発行所 株式会社 弦書房
（〒810・0041）
福岡市中央区大名二―二―四三
ELK大名ビル三〇一
電 話 〇九二・七二六・九八八五
FAX 〇九二・七二六・九八八六

組版・製作・合同会社キヅキブックス
印刷・製本 シナノ書籍印刷株式会社

ISBN978-4-86329-303-8 C0026

◆弦書房の本

不謹慎な旅 1
負の記憶を巡る「ダークツーリズム」

木村聡 人間の負の遺産をめぐる旅へ。哀しみの記憶を宿す場所があることを忘れないために。天災・公害・戦争・差別・事故等の現場へ。「光」を観るか「影」を観るか。40項目の場所と地域へご案内。写真165点余と現地の声を伝える渾身のルポ。〈A５判・２６４頁〉２０００円

満腹の惑星
誰が飯にありつけるのか

木村聡 難民キャンプ、内戦が続く町、ゴミの町、川が汚染された町。地球という惑星で必死に食い続ける人間たちがいる。腹を満たそうとする彼らの「御馳走」風景を各地に訪ねたフードドキュメンタリー。迫力のある写真からも味と香りが伝わってくる。〈A５判・２７２頁〉２１００円

米旅・麺旅のベトナム

木村聡 フランスの植民地、ベトナム戦争の経験さえも取り入れながら育まれた豊かな米食文化の国「ベトナム」を30年以上にわたって取材し続けた写真家による写真記録集。もうひとつの瑞穂の国・箸の国は、懐かしさと驚きにあふれていた。〈A５判・２２０頁〉１８００円

地魚は今… ルポ漁

山城滋 漁船に乗り込み、早朝の漁港へ水揚げされる現場を克明に追ったルポ。鮮魚売り場に並ぶ地魚は量も種類も減少しているが、それはなぜか。沿岸漁業はどうすれば持続できるのか。22種の地魚の話と、漁師の仕事場の最前線を紹介する。〈四六判・２７２頁〉１９００円

【第44回熊日出版文化賞】
生き直す 免田栄という軌跡

高峰武 獄中34年、無罪釈放後37年の稀有な生涯。確定死刑囚から日本初の再審無罪となり「生き直した」生涯をたどる。獄中から家族への手紙400通と教誨師・潮谷総一郎氏への手紙1000通から免田さんの声を紹介。圧倒的な肉声の束が私たちに語りかける。〈四六判・２７２頁〉２０００円

＊表示価格は税別